성교육이 불편한
교사를 위한
서로 존중
성교육

성교육이 불편한
교사를 위한

서로 존중
성교육

김혜경 지음

학교
도서관
저널

o 추천의 글

교사를 넘어,
대한민국 어른들의 첫 번째 필독서로

학교에서 성과 관련된 이야기를 아무 거리낌 없이 하는 아이들을 만날 때, 어떻게 지도해야 할지 몰랐습니다. 그저 아이들이 성과 관련된 문제를 일으키지 않기를 바라는 마음만 가지고 지내다 보니 교사로서 늘 마음이 무거웠습니다. 그러다 만난 김혜경 선생님의 성교육 강의와 그분이 쓴 『그러니까, 존중 성교육』은 제게 '빛'이 되었습니다.

김혜경 선생님께 배운 내용을 국어 수업과 연계해 10차시 '존중 성교육' 수업을 만들었습니다. 처음 해본 성교육이 익숙하지 않아 헤매긴 했지만, '존중 성교육'이 가진 이름의 영향력이 대단했습니다. 아이들도 성교육 시간을 존중하며, 여느 수업보다 진지하고 차분하게 참여했습니다. 아이들의 비속어 사용이 줄어들었으며, 공용 공간에서 거침없이 성과 관련된 이야기를 하는 문화가 사라져 가는 것을 목격했습니다. 아이들의 '성인지 감수성'이 높아진 결과라고 확신합니다.

이제는 아이들이 성에 관련된 어떠한 질문을 하더라도 두렵지 않습니다. 김혜경 선생님의 두 번째 책 『성교육이 불편한 교사를 위한 서로 존중 성교육』까지 출간되었기 때문입니다. 아이들과 성과 관련한 문제로 마주할 일이 생길 때 바로 참고할 수 있는 책이 한 권 더 나왔다는 것에 참 감사합니다. 비로소 두 날개가 완성된 듯합니다. 20년 넘게 현장에서 아이들을 만나온 선생님의 지혜가 정말 잘 담겨 있습니다. 올해 수업에서는 이 책에 있는 내용을 충분히 고민해 보고, 수업을 통해 아이들과 함께 풀어내고 싶습니다.

이 책이 교사뿐만 아니라 대한민국 모든 어른의 필독서가 되었으면 좋겠습니다. 어른들도 자신의 성에 대해 존중받는 경험을 할 수 있으며, 아이들의 '성'을 '존중'해주는 방법들도 배우게 될 겁니다. '존중 성교육'에 해답이 있습니다.

이인성(광성드림학교 국어 교사)

○ 추천의 글

지금 아이들에게
꼭 필요한 수업

　김혜경 선생님의 '존중 성교육'을 접하고 아이들에게 꼭 필요한 수업이라는 확신이 들었지만, 막상 수업을 하자니 아이들이 어떻게 반응할지 몰라 무섭고 두렵기도 했습니다. 2년을 고심한 끝에 용기 내어 중학교 2학년 학생들을 대상으로 8시간의 존중 성교육 수업을 시작했습니다. 8시간의 수업이 끝난 후 아이들은 "나는 음란물의 성이 아니라 현실의 진정한 사랑으로 태어났다는 것을 깨달았다." "십 대에 나를 낳고 키워주신 부모님이 더욱 자랑스럽게 느껴졌다." "올바른 성 개념을 가지게 되었다." 등의 수업 소감은 물론, 길에서 만난 한 남학생이 떨리는 목소리로 "존중 성교육 수업을 해주셔서 감사합니다."라고 말하기도 했으며, 수업 후 여학생들에게 둘러싸여 환호와 함께 '엄지 척'을 받는 짜릿한 경험도 했습니다. 이런 일련의 경험을 통해 가장 안전하면서도 확실한 성교육은 바로 '존중 성교육'이라는 생각을 하게 되었습니다.
　김혜경 선생님의 두 번째 책인 『성교육이 불편한 교사를 위한 서로 존중 성교육』에는 수업 전 교사의 망설임과 고민에서부터 수업 중에 들었던 다양한 의문들에 대한 지혜로운 답변까지, 성교육에 관한 거의 모든 것이 담겨 있습니다. 학교에서 마주할 수 있는 성과 관련된 민감한 문제들에 대한 저자의 부드러우면서도 단호한 대처법이 소개되어 있어 많은 선생님들이 가까이 두고 자주 열어보게 될 것 같습니다. 그림책을 활용한 성교육 수업은 다양한 교과에서 매우 유용하게 사용되리라고 봅니다. 성교육과 여러 교과의 융합 사례를 보여준 교과통합 예시안은 기회가 되면 꼭 다른 교과와 융합해 보고 싶다는 욕구를 불러일으킵니다.

　잘못된 지식과 정보로 혼란스러워하고 힘들어하는 아이들에게 존중 성교육은 심폐소생술과 같다고 생각합니다. 어른들의 잘못된 생각으로 만들어진 유해 환경에서 아이들이 행복하게 사춘기의 성을 접할 수 있도록, 아이들이 제대로 숨 쉴 수 있도록 이 책을 읽는 선생님들이 용기를 내셨으면 좋겠습니다.

김정아(두일중학교 도덕 교사)

○ 프롤로그

수업 중 문득 성을 마주하게 될 교사들을 위해

　2019년 3월에 펴낸 『그러니까, 존중 성교육』은 중학교를 중심으로 학교 현장에서 본격적인 성교육을 하려는 교사들, 즉 성교육 담당 교사인 보건 교사를 포함해 교육과정에 성 관련 단원이 있는 도덕, 기술·가정, 과학, 국어, 사회, 상담교사 그리고 초등학교 교사들이 성교육 수업을 할 때 필요한 구체적인 도움을 드리기 위해 쓴 책입니다. 책이 출간된 후 직무연수에서 선생님들을 만나 수업에 관해 대화할 기회가 많았습니다. 그때 교과와 관계없이 선생님들이 실제 수업에 적용하는 과정에서 만나게 되는 걸림돌이 있다는 것을 알게 되었습니다. 선생님들이 어려움을 느끼는 이 걸림돌은 외부로부터 온다기보다 바로 교사 자신의 내부에 있는 것이었습니다.

　성교육은 교사 자신의 가치관과 정체성에 대한 성찰이 뒷받침될 때 제대로 이루어질 수 있습니다. 교사는 자신감으로 아이들 앞에 섭니다. 교사 자신에게 성은 어떤 의미인지, 나는 어떤 성적 가치관을 가진 사람인지 스스로 분명히 인지하고 있어야 '나'를 주장하지 않고 겸허히 들을 수 있으며, 어떤 상황에서도 흔들림 없이 수업을 진행해 나갈 수 있습니다.

'존중 성교육'을 주제로 15시간 혹은 30시간 집중 연수를 진행하면서 참여했던 선생님들로부터 받았던 평가지에는 주로 이와 같은 내용이 빼곡하게 채워져 있었습니다.

"나 자신의 성이 바로 세워진 것 같다."
"내가 어떤 성 수업을 하고 싶은지를 알게 되었다."
"성 수업을 생각만 해도 불편했던 이유를 이제야 알게 되었다."

대부분 교사 자신에 관한 이야기였습니다. 이 중에는 같은 주제로 진행된 15시간 연수와 30시간 연수에 반복해서 참여한 교사들도 있었습니다. 그분들은 두 번째로 참여한 연수에서 비로소 저의 '존중 성교육 수업'을 제대로 볼 수 있게 되었고, 이후 본인 수업에 적용하기 시작했으며, 수업 만족도가 높다고 알려왔습니다.

선생님들이 성교육이 어렵다고 느끼는 것은 자기 자신의 성에 대해 깊이 생각해 볼 기회가 없어 아이들을 어디로 데려가야 할지 제대로 방향을 정하지 못했기 때문입니다. 내비게이션을 켰는데, 출발지점과 도착지점을 지정하지 않은 상황이랄까요? 그런 상태에서는 예상치 못한 질문 하나로도 쉽게 방향을 잃고 맙니다. 길을 잃은 교사에게 성교육 시간은 공포의 시간이 될 뿐이며 다시는 성을 다룰 수 없게 됩니다. 학생들 역시 교사를 신뢰하지 못하게 되면서 질문을 던진 자신이 뭔가 잘못한 것 같은 죄의식을 갖기에 이릅니다. 이는 단지 성교육 자료나 수업 기술의 문제가 아닙니다. 성교육에 앞서 교사 자신의 성 가치관을 먼저 확인하여야 한다는 뜻입니다.

이 책에서 저는 선생님이 자신의 성을 들여다볼 수 있는 창문을 열어 드리려고 합니다. 이 창을 통해 고민하고 생각할 시간을 충분히 갖는다면 성교육에도 자신감을 가질 수 있을 거예요. 즉 교사가 수업에서 성을 다룰 때 짧은 질문 하나에 걸려 넘어지지 않고 잘 넘어갈 수 있는 지혜를 이 책에서 공유하고자 합니다. 장애물이 장애가 되지 않게 말이에요.

제가 말씀드리는 '존중 성교육'은 피임 성교육이나 책임 성교육 이전에 먼저 자신의 성을 소중히 여기면서 자기를 존중하도록 성을 가르치는 게 우선이라는 의미입니다. 아울러 성에 대한 아이들의 물음을 존중하자는 뜻입니다. 아이들이 무슨 문제가 있어서 성에 대해 이런저런 물음을 갖는 게 아닙니다. 어른들이 경제적 이득을 취하기 위해 만든 미디어나 음란물 같은 상품을 접하면서 생긴 자연스러운 물음이기에 어른들이 잘 알려줘야 할 책임이 있습니다. 그리고 존중에 대해 가르칠 때 방법적인 차원에서도 아이들을 성적인 존재로 존중하고 배려함으로써 영혼에 생채기가 나지 않게 가르치자는 의미입니다. 그래서 '존중 성교육'입니다. 존중 성교육의 힘을 알고 나면 아이들이 보고 싶어지고, 존중 성교육으로 가르치고 싶어집니다.

　교실로 돌아가 수업에 적용하면서 어려움이 있을 때마다 이메일과 메신저로 연락해 함께 고민하고 길을 다시 찾는 수고를 하며 저에게도 배움을 주신 선생님들께 감사드립니다. 선생님들이 나눠주신 고민과 질문에서 이 책은 시작되었습니다. 아울러 선생님들이 어려워하는 '이성 교제' 수업과 최근의 사회적 이슈인 '성인지 감수성', '디지털 성범죄' 수업의 예를 저와 아이들에게 깊은 울림을 주었던 그림책 활용 수업으로 담았습니다.

　수업을 진행하다가 어느 날 갑자기 성을 마주하게 될 때가 있습니다. 때로는 뜬금없이, 때로는 시의적절하게, 한 학생의 질문으로부터 시작됩니다. 이때가 바로 골든 타임입니다. 이 절호의 기회를 놓치지 않고 아이들과 예민하게 연결돼 성 수업을 진행하면 아이들에게 제대로 배움이 일어나고 교사를 더욱 신뢰하게 됩니다.

　저는 어느 날 문득 자신의 수업 중 성을 마주하게 될 모든 교사를 위해 이 책을 쓰게 되었습니다. 어느 교과 교사든 불편감 때문에 성 관련 단원을 건너뛰지 않고, 불시에 성에 관해 이야기를 나누게 되더라도 당황하거나 흔들림 없이, 즐겁고 자신 있게 대화를 주고받으면서 함께 배우며 성장할 수 있게 도움을 드리고 싶습니다.

2021년 새로운 출발을 기대하며
김혜경

o 차례

추천의 글 4
프롤로그 - 수업 중 문득 성을 마주하게 될 교사들을 위해 8

Part 1 - 성인지 감수성이 필요합니다

- 아이들의 성은 선생님에게 어떤 의미인가요? 19
- Q 선생님은 피임 성교육인가요? 책임 성교육인가요? 26
- Q 저는 미혼이라 성에 관련된 질문이 민망하고 어렵습니다 29
- Q '성인지 감수성'이라는 말을 요즘 많이 접하게 되는데, 정확히 무슨 뜻인가요? 31
- Q 10대 아이들은 무모하고 위험해요. 그러려니 하고 지나가길 기다리면 되겠죠? 40
- Q '성적 자기 결정권'을 언급하면서 10대에게도 성관계를 할 권리가 있는 게 아니냐고 묻습니다 43
- Q 믿었던 아이들이 사귀다 헤어졌는데 임신 6개월이래요. 어쩌면 좋을까요? 48
- Q 남학생들이 성기를 툭 치고 도망가는 장난을 해요. 초등학교의 경우 성기 부위에 대한 언어적·신체적 장난을 가벼이 여기는 경우가 많은데, 이를 지도하기가 어려워요 54
- Q 성 관련 질문을 하지 않는 초등학교 저학년 아이들에게도 교사가 먼저 나서서 성을 가르쳐야 할까요? 58
- Q 여학생은 여교사가 남학생은 남교사가 남녀 각각 따로 수업하는 것이 좋지 않을까요? 61
- Q 중립적인 관점에서 수업하는 게 가능할까요? 혹시라도 아이들의 가치관 확립에 방해가 될까 두렵습니다 64
- Q 남학생끼리 단톡방에서 야동을 돌려 본다고 합니다. 음란물의 유해성에 대해 알려주고 싶은데, 말을 꺼내기가 힘들어요 66
- Q 성교육 후에 오히려 '섹드립'이 늘었다는데, 무엇이 잘못되었을까요? 69
- Q 15차시 성교육 연수를 듣고 나니 머리가 더 복잡해지고 더 어렵게 느껴집니다 74

Part 2 - 질문을 마주했을 때 당당하게 답하기

- 교사가 학생과 성에 대해 상담할 때 지켜야 할 가치 **79**
- Q 수업 시간에 학생들이 저의 성적 경험에 관해 질문해서 난처합니다 **82**
- Q 이성 교제 중인 학생에게 스킨십 등 다소 민감한 주제의 조언을 하려면 어떻게 다가가야 할까요? **85**
- Q 어린 나이에 성관계를 경험한 아이에게 어떤 말을 해야 좋을지 조심스러워요 **90**
- Q 10대에게 왜 성관계를 하지 못하게 하나요? **97**
- Q 사이버 성희롱을 당한 피해 학생의 부모님이 가정에서 어떻게 성교육하면 좋을지 알려 달려고 합니다 **100**
- Q 자신이 남자인지 여자인지 헷갈린다는 학생에게 어떻게 말해야 할까요? **104**
- Q 동성애자라고 놀림받는 아이가 있어요 **106**
- Q 자신이 양성애자라고 말하는 여고생과 어떻게 상담하는 게 좋을까요? **108**
- Q 초등학교 1학년 아이가 수업 시간에 수시로 성기 부분을 문질러요. 지도해도 잘되지 않는데, 어떻게 해야 할까요? **110**

Part 3 - 수업에서 성을 안전하게 다루기 위해

- 성교육 수업 시 교사에게 필요한 여섯 가지 안전장치 **115**
- Q 여자의 관점? 남자의 관점? 성의 대립 구도가 만들어질까 봐 걱정됩니다. **124**
- Q 수업 중에 학생들끼리 성적인 농담을 주고받을 때 어떻게 대처해야 할지 모르겠습니다 **127**
- Q 수업 시간에 갑자기 "야동은 왜 봐요?"라며 돌 던지듯 질문을 던질 때 어떻게 해야 할까요? **130**
- Q 중학생에게 콘돔 교육을 해야 할까요? **133**
- Q 1년에 수차례씩 성폭력 사안이 발생하고, 가해·피해 학생이 생기는데도 왜 학교 관리자와 동료 교사들은 성교육에 관심을 기울이지 않을까요? **135**
- Q 인공 임신 중절(낙태)에 대한 헌법재판소의 판결을 학교 현장에서 그대로 가르치는 게 좋을까요? **138**
- Q 수업 주제를 어떤 순서로 진행해야 하나요? **141**

Part 4 - 불편함을 넘어 감동까지, 그림책으로 성교육하기

- 학생들의 수준을 이해하는 것과 학생들에게 필요한 수업을 하는 것 **147**
- Q '성인지 감수성' 같은 새로운 개념을 다루는 수업이 궁금합니다 **151**
- Q 이성 교제 수업이 부담스러워 교과서의 단원을 건너뜁니다 **164**
- Q 디지털 성범죄 같은 사회적 이슈에 대해 어떤 방식으로 수업해야 '꼰대'라고 하지 않고 제대로 들어줄까요? **183**
- Q 수위 높은 성적 영상에 아이들이 무방비로 노출되고 있습니다. 미디어 리터러시를 수업에 어떻게 녹여낼 수 있을까요? **203**
- Q 과목 간 연계를 통한 구체적 성교육 사례를 알고 싶어요 **208**

에필로그 - 아이들은 성교육 시간을 기다립니다 **214**

Part 1

성인지 감수성이 필요합니다

아이들의 성은
선생님에게
어떤 의미인가요?

학생들과의 성교육 첫 시간을 저는 이렇게 시작합니다.

"성이라는 말을 떠올리면 나는 ☐ 가 생각난다."

아이들이 성에 대해 자기 자신에게 마음을 여는 시간입니다. 아이들의 사유를 돕는 도구로는 '명화 그림책'을 활용합니다. 내 생각을 잘 설명해주는 그림을 고르고, 그림에 빗대어 내 생각을 써보라고 합니다. 아이들은 첫 시간임에도 명화의 힘으로 자기 자신에게 성에 대한 마음을 열며 속내를 보여 주었고, 이 시간에 형성된 라포(rapport, 의사소통에서 상대방과 이루어지는 친밀감 또는 신뢰 관계)가 학기 내내 이어졌습니다.

이 책을 막 펼쳐 든 분들께, 같은 질문을 드린다면 불편하시겠죠? 어른들에게 있어 '성'은 조심스럽고, 친한 사이라도 터놓고 이야기할 기회가 드문 주제이니까요.

"아이들의 성은 선생님에게 어떤 의미인가요?"

잠시 숨을 고르면서 아이들의 성이 선생님에게 어떤 감정을 일으키는지 자기 자신에게 마음을 열어주세요. 이 책을 왜 펼쳤는가를 생각해 보세요. 책을 읽기 전에 먼저 이 질문에 대해 생각해 보고 이 책을 읽는다면 아마 선명하게 다가오는 게 있을 거예요.

"바른 성 개념 형성을 목표로 수업하다가 '수위가 낮다', '더 센 거 없느냐' 등의 이야기나 음란한 비속어를 들을 때 두려워진다. 학교에서는 책임 성교육, 올바른 성 개념 확립을 위해 노력하지만, 친구들, 대중매체, 스마트폰을 통해 배우는 학교 밖의 성교육은 아이들을 자극하고 빠르게 습득하게 한다. 무차별적인 폭력과 같은 음란물, 성폭력과 같은 범죄로부터 아이들을 구해야 한다는 사명감과 함께 자꾸만 두려운 생각이 든다."(ㅇ중학교 교사)

"아이들은 '성'을 신비로운 미지의 세계라고 생각하는 것 같다. 내가 잘 알지 못하는 그 미지의 세계에 호기심, 환상, 동경과 두려움까지 동시에 느낀다. 이 호기심 때문에 선비들이 뱃놀이하듯 배를 타고 탐험하는데, 아름다운 풍경도 있겠지만 암초를 만날 수도 있고, 비바람을 맞을 수도 있다고 생각한다. 교사로서 이 배를 이끄는 뱃사공처럼 바르고 순탄한 탐험이 될 수 있도록 도와주고 싶

다. 내가 할 수 있을지 걱정스럽긴 하지만, 시대의 요구가 아닌가 싶다."(ㅈ고등학교 교사)

다음 체크리스트는 부모로서 본인의 성 의식을 알아보는 테스트입니다. 점수 내는 방법과 판정 기준도 나와 있으니 다 풀고 점수까지 한번 내보시겠어요?

◎ **나는 어떤 부모일까요?**

1. 나는 성에 관한 정보를 잘 알고 있다.
   ①그렇다 ②조금 그렇다 ③보통이다 ④아니다 ⑤전혀 아니다

2. 배우자도 성에 관한 정보를 잘 알고 있다.
   ①그렇다 ②조금 그렇다 ③보통이다 ④아니다 ⑤전혀 아니다

3. 아이 성교육의 책임은 배우자에게 있다고 생각한다.
   ①그렇다 ②조금 그렇다 ③보통이다 ④아니다 ⑤전혀 아니다

4. 나는 배우자와 자녀 성교육에 대해 무엇이든 이야기할 수 있다.
   ①그렇다 ②조금 그렇다 ③보통이다 ④아니다 ⑤전혀 아니다

5. 유치원이나 초등학교 저학년인 아들이나 딸이 성에 관심을
보이면 이르다고 생각한다.
①그렇다 ②조금 그렇다 ③보통이다 ④아니다 ⑤전혀 아니다

6. 남편이 딸아이의 기저귀를 갈아 주거나 꼼꼼히 씻기는 걸 보고
마음이 불편해지면 그 느낌을 말할 수 있다.
①그렇다 ②조금 그렇다 ③보통이다 ④아니다 ⑤전혀 아니다

7. 아이들이 방문을 잠그고 있는 것을 보면 불안하다.
①그렇다 ②조금 그렇다 ③보통이다 ④아니다 ⑤전혀 아니다

8. 아이가 음란물을 본 것을 알게 된 뒤로 대하기가 편치 않다.
①그렇다 ②조금 그렇다 ③보통이다 ④아니다 ⑤전혀 아니다

9. 아이의 자위를 받아들이기 힘들다(여자아이는 더욱 그렇다).
①그렇다 ②조금 그렇다 ③보통이다 ④아니다 ⑤전혀 아니다

10. 사춘기의 성은 불안하고 충동적이어서 부모의 통제가 필요하다.
①그렇다 ②조금 그렇다 ③보통이다 ④아니다 ⑤전혀 아니다

11. 어린 딸(아들)이 성적인 행동이나 놀이를 할까 불안하다.
①그렇다 ②조금 그렇다 ③보통이다 ④아니다 ⑤전혀 아니다

12. 내 아이도 성폭력 가해자가 될 수 있다고 생각한다.
①그렇다 ②조금 그렇다 ③보통이다 ④아니다 ⑤전혀 아니다

13. 내 아이도 성폭력 피해자가 될 수 있다고 생각한다.
   ①그렇다 ②조금 그렇다 ③보통이다 ④아니다 ⑤전혀 아니다

14. 배우자와 성관계에 문제가 없더라도 자위를 할 수 있다.
   ①그렇다 ②조금 그렇다 ③보통이다 ④아니다 ⑤전혀 아니다

15. 배우자와 두 사람의 섹스에 대한 이야기를 마음 편히 할 수 있다.
   ①그렇다 ②조금 그렇다 ③보통이다 ④아니다 ⑤전혀 아니다

16. 배우자의 섹스 요구에 상대방이 섭섭해할지라도 거절할 수 있다.
   ①그렇다 ②조금 그렇다 ③보통이다 ④아니다 ⑤전혀 아니다

17. 남편(아내)과 딸(아들) 사이의 스킨십을 보고 마음이 불편해지면 그 느낌을 상대에게 말할 수 있다.
   ①그렇다 ②조금 그렇다 ③보통이다 ④아니다 ⑤전혀 아니다

18. 동성애자나 성전환자(트렌스젠더)는 이상하다고 생각한다.
   ①그렇다 ②조금 그렇다 ③보통이다 ④아니다 ⑤전혀 아니다

19. 원치 않는 임신은 여자에게 더 책임이 있다.
   ①그렇다 ②조금 그렇다 ③보통이다 ④아니다 ⑤전혀 아니다

20. 혼전 동거는 여자에게 손해다.
   ①그렇다 ②조금 그렇다 ③보통이다 ④아니다 ⑤전혀 아니다

21. 딸도 좋지만 아들은 있어야 한다고 생각한다.
    ①그렇다 ②조금 그렇다 ③보통이다 ④아니다 ⑤전혀 아니다

22. 회식 때 유흥업소에 가는 것은 사회생활에서 불가피하다.
    ①그렇다 ②조금 그렇다 ③보통이다 ④아니다 ⑤전혀 아니다

23. 야한 옷차림이나 화장을 하고 다니거나 성관계에 자유분방하면 성폭력 피해자가 되기 쉽다고 생각한다.
    ①그렇다 ②조금 그렇다 ③보통이다 ④아니다 ⑤전혀 아니다

24. 아이는 아무래도 엄마가 키우는 것이 좋다.
    ①그렇다 ②조금 그렇다 ③보통이다 ④아니다 ⑤전혀 아니다

25. 아들보다는 딸에게 얌전하게 행동하고 몸조심하라고 말한다.
    ①그렇다 ②조금 그렇다 ③보통이다 ④아니다 ⑤전혀 아니다

계산 방법
1~4번 ①1점 ②2점 ③3점 ④4점 ⑤5점   **5~11번** ①5점 ②4점 ③3점 ④2점 ⑤1점
12~17번 ①1점 ②2점 ③3점 ④4점 ⑤5점   **18~25번** ①5점 ②4점 ③3점 ④2점 ⑤1점

판정
30점 미만: 성에 대한 모든 이야기를 아이와 함께 나눌 준비가 되셨네요.
30점~55점 미만: 혹시 성에 대해 대체로 열려 있지만, 내 아이에게는 다른 잣대를 대고 있지는 않나요?
55점 이상: 나부터 준비가 필요합니다. 부모가 자녀 성교육에 백과사전이 될 필요는 없지만, 성적 주체성 또는 성적 자기 결정권이 뚜렷한 아이로 키우는 것을 목표로 하고 있다면, 어떻게 시작할지 고민하고 공부하는 시간이 꼭 필요합니다. 세상에 공짜는 없으니까요.

출처: 김백애라·정정희 공저, 「거침없는 아이, 난감한 어른」, 문학동네, 2011
제공: 한국성폭력상담소 부설연구소 울림

학부모 연수에서 가끔 사용하는 체크리스트입니다. 90점 이상 고득점자가 자주 목격됩니다. 한번 계산해 보면, 어디에 표시해야 열려 있는 부모라고 평가받을지 뻔히 알지만, 다음 해 연수에서도 여전히 별 차이 없는 본인의 점수를 마주하면서 그제야 "성 개념은 변하지 않는 도덕성 같은 것이구나." 하고 끄덕입니다. 여기서 중요한 것은 점수가 아닙니다. 내가 어떤 사람인지 아는 데 의미가 있습니다. 내가 얼마나 보수적인지 혹은 이중적인 잣대를 적용하고 있었는지를 아셔야 자녀에게도 학생들에게도 '나'를 주장하지 않을 수 있어요. 우리는 대부분 자기 생각이 평범하다고 느끼기 때문에 '나'를 주장하는 습관이 있거든요.

도덕성과 마찬가지로 평생 가져갈 성 개념이 완성되는 시기가 중학교 시기입니다. 이 시기를 놓치지 않고 성에 대해 바른 방향을 제시하고 충분히 생각할 시간을 갖도록 해야 평생 안전하고 아름답게 성을 누릴 수 있습니다. 성교육은 어릴 때부터 가정에서 시작하는 것이 이상적이죠. 그리고 '19금'이 곧 풀리는 고등학교 시기의 성교육도 중요하지만, 더 중요한 성교육 시기는 초·중학교 시기라고 생각합니다. 자신의 성이 얼마나 소중한지를 깊이 깨닫고 자신과 타인의 성을 존중하게 되면 어떤 미디어 폭풍이 몰려와도 자기 자신을 보호할 수 있고, 사이버 세상에서도 성희롱에 당당하게 대응할 수 있게 됩니다.

**선생님은 피임 성교육인가요?
책임 성교육인가요?**

●

결론부터 말씀드리면, 저는 존중 성교육입니다.

현재 우리 사회는 이념과 세대 간의 양극화가 갈수록 심해지고 있습니다. 이에 비례해 성교육에서도 진보주의와 보수주의가 팽팽하게 평행선을 달리고 있습니다. 누가 먼저랄 것도 없이 가짜뉴스를 내놓기도 하고, 동일한 출처의 원문을 놓고도 해석을 전혀 달리하는 번역 기사들을 볼 때면 모두 외면하고 싶어지기도 합니다. 마치 콘돔 사용 방법을 초등학교에서부터 가르치지 않아서 30~60대 피임률이 낮은 것처럼 쓴 기사도 있습니다. 상황이 이렇다 보니 성교육 직무연수 강사를 선정하는 교육청 담당자는 더욱 신중할 수밖에 없습니다.

"선생님은 피임 성교육인가요? 책임 성교육인가요?"

강의 요청을 하면서 제게 이렇게 물어오는데, 저는 둘 다 아니고 '존중 성교육'이라고 대답합니다. 피임이나 책임은 성관계를 전제한 프레임 아닌가요?

초등학생이나 중학생을 대상으로 하는 성교육은 그보다 먼저 **자기 자신과 타인의 성을 존중할 수 있도록** 가르쳐야 합니다. 존중 성교육이 가장 먼저라는 것이죠. 그 이후 고등학생을 대상으로 한 성교육에서는 **책임을 전제로 한 피임 교육이 체계적으로 충분히** 이루어져야 한다고 생각합니다.

그런데 언제부턴가 이 '책임'에 대한 남녀 학생 간 인식 차가 점점 더 커지고 있음을 알게 되었습니다. 수업이라는 공적인 공간에서의 질문이었는데요,

교사: '오빠가 책임질게, 항상 함께할게.' 이 말을 구체적으로 풀어서 설명하면 무슨 뜻일까요?
학생(여): 임신하면 결혼하자는 뜻이에요.
　(남): 임신해도 잠수 안 탄다는 뜻이에요.
　(남): 낙태 비용을 절반 부담한다는 뜻이에요.
　(남): 낙태하고 힘들어할 때 손잡아 준다는 뜻이에요.
　(남): 거짓말이에요. 어떻게든 성관계 하려고 하는 말이에요.

제가 만난 학생들만의 대답일까요? 인터넷 포털 사이트 검색창에 '청소년 임신', '낙태 비용' 등의 단어로 검색해 보면 요즘 청소년 성문화의 흐름이 보입니다. 생명에 대한 책임교육만으로는 안 된다는 거죠. 저는 책임에 대한 범위를 더 넓게 제시합니다.

교사 : 책임은 남성 혼자 질 수 있는 게 아니에요. 그리고 생명에 대한 책임 외에 중요한 부분들이 더 있어요. 성관계로 인해 달라질 내 삶, 임신이나 성병에 걸릴 경우 달라질 나의 미래에 대한 책임은 남자는 남자대로, 여자는 여자대로 자신이 지는 거예요.

"지난 수업 중에 '월경을 하지 않아 아기가 생기지 않는 초등학생은 성관계해도 되나요?'라는 질문에 명쾌한 답변을 해주지 못했습니다. 너무 괴롭습니다."

한 교사의 토로입니다. 초등학교 4학년 학생의 갑작스러운 질문이었답니다. 바로 이것이 피임 성교육의 문제입니다. 초등학교는 피임만 하면, 임신만 하지 않으면 된다는 식의 피임 성교육을 할 때가 아니라는 거죠.

성장하고 있는 아동과 청소년에게 신체적, 정서적으로 아직 준비되지 않았다는 것을 과학적·윤리적으로 잘 알려주고, 자기 자신이 얼마나 소중한 존재인지를 깨닫게 합니다. 자신이 소중한 줄 아는 아이는 곧 자신의 성도 소중함을 깨닫습니다. 교사가 아이들을 성적인 존재로 존중해주면 아이들은 자신의 성을 존중하는 방법을 그대로 배웁니다. 어떻게 하는 것이 아이의 성을 존중하는 건가요? 그것이 바로 교사가 치열하게 고민해야 할 핵심 포인트입니다.

Q 저는 미혼이라 성에 관련된 질문이 민망하고 어렵습니다

22년 전 공교육에 들어온 첫해부터 성교육을 했습니다. 그때는 토요일이 휴무가 아닐 때였는데, 토요일 시간표에 오전 4시간 내내 수업이 있었어요. 에너지 넘치던 때라 힘든 줄도 모르고 즐겁게 수업했습니다. 아이들의 반응은 폭발적이었죠. 어느 반을 들어가든 책상을 두드리며 환호성으로 저를 맞아 주었습니다. 어느 날 수업을 마치고 교무실로 돌아왔는데, 당시 50대 초반의 교무부장이 저를 아래위로 훑어보면서 이렇게 이야기했습니다.

"아가씨가 뭘 아는 게 있다고 성교육을 해?"

마침 쉬는 시간이라 교무실에는 많은 선생님이 계셨기에 이목이 저에게 집중되는 걸 느꼈습니다. 저는 어디서 그런 용기가 났는지 반사적으로 큰소리로 대답했습니다.

"부장님! 성교육은 테크닉 교육이 아니라 가치관 교육이에요!"

그렇습니다. 성교육은 성에 관한 기술을 가르치는 시간이 아니라 성에 관한 바른 가치관을 갖도록 스스로 또는 함께 생각할 기회를 갖는 시간입니다. 교사가 결혼했는지 안 했는지, 교사가 성 경험이 있는지 없는지가 중요한 게 아닙니다. 교실에서 이루어지는 성 수업에서는 과학적이고 윤리적이며 사회적으로 합의된 내용을 가르치기 때문입니다.

선생님이 미혼이라서 성에 관해 이야기하는 게 민망한가요? 넘어서야 합니다. 교사가 민망한 감정을 품고 성을 가르치면 그 감정은 학생들에게 고스란히 전달됩니다. 그렇게 되면 수업 중에 궁금한 게 있어도 거침없이 질문하기 어려워집니다. 반대로 아이들이 성과 관련해서 던진 말이나 질문에 교사가 부끄러워하거나 민망해하는 상황을 즐기는 아이들이 생겨납니다.

성교육을 할 때는 의연하고 당당하게 아무것도 숨기지 않겠다는 태도로 수업하는 것이 아이들에게 가르치는 자의 권위를 인정받고 신뢰받는 길입니다. '19금' 수준(교사의 수준)으로 대화하라는 뜻이 아닙니다. 아이들 수준에 눈높이를 맞추되 최대한 솔직하고 당당하게 대화하십시오.

Q '성인지 감수성'이라는 말을 요즘 많이 접하게 되는데, 정확히 무슨 뜻인가요?

●

다음 글은 성인지 감수성을 언급한 대한민국 최초의 대법원 판례입니다.

"법원이 성희롱 관련 소송의 심리를 할 때에는 그 사건이 발생한 맥락에서 성차별 문제를 이해하고 양성평등을 실현할 수 있도록 '성인지 감수성'을 잃지 않아야 한다(양성평등기본법 제5조 제1항 참조). 그리하여 우리 사회의 가해자 중심적인 문화와 인식, 구조 등으로 인하여 피해자가 성희롱 사실을 알리고 문제를 삼는 과정에서 오히려 부정적 반응이나 여론, 불이익한 처우 또는 그로 인한 정신적 피해 등에 노출되는 이른바 '2차 피해'를 입을 수 있다는 점을 유념하여야 한다. 피해자는 이러한 2차 피해에 대한 불안감이나 두려움으로 인하여 피해를 당한 후에도 가해자와 종전의 관계를 계속 유지하는 경우도 있고, 피해사실을 즉시 신고하지 못하다가 다른 피해자 등 제3자가 문제를 제기하거나 신고를 권유한 것을 계기로 비로소 신고를 하는 경우도 있으며, 피해사실을 신고한 후에도 수사기관이나 법원에서 그에 관한 진술에 소극적인 태도를 보이는 경우도 적지 않다. 이와 같은 성희롱 피해자가 처하여 있는 특별한 사정을 충분히 고려하지 않은 채 피해자 진술의 증명력을 가볍게 배척하는 것은 정의와 형평의 이념에 입각하여 논리와 경험의 법칙에 따른 증거판단이라고 볼 수 없다." - 대법원 2018년 4월 12일 선고

성인지 감수성(性認知 感受性)은 위와 같이 대법원 판결문에 처음 사용되면서 이슈화된 개념으로 법조계에서는 성범죄 사건 등 관련 사건을 심리할 때 피해자가 처한 상황의 맥락과 눈높이에서 사건을 바라보고 이해해야 한다, 즉 여성이 사회적 약자로서 가지는 불리함을 보완해야 한다는 취지로 사용되고 있습니다.

시사상식사전에는 성별 간의 불균형에 대한 이해와 지식을 갖춰 일상생활 속에서의 성차별적 요소를 감지해 내는 민감성이라고 나와 있는데, 한 선생님이 십 년 가까이 되도록 이 개념이 헷갈린다고 해서 제 언어로 설명해 드렸습니다. 성인지 감수성을 제 언어로 더 간략하고 이해하기 쉽게 이렇게 설명합니다.

'상대방도 나와 똑같은 성적·인격적 존재라는 것을 알아차리는 민감성'
'나도 상대방과 똑같은 성적·인격적 존재라는 것을 알아차리는 민감성'

즉 '지금 내가 하고자 하는 말과 행동이 나와 같은 성적·인격적 존재인 상대방에게 어떤 영향을 미칠 것인가를 먼저 생각해 보고 나서 말하고 행동하는 것'이 성인지 감수성입니다.

이해를 돕기 위해 민서영 작가의 웹툰 모음집 『쌍년의 미학』에서 몇 컷을 가져왔습니다. 제목이 상당히 도발적이죠? 제가 보기에 이

출처: 『쌍년의 미학』(민서영 지음, 위즈덤하우스, 2018)

책은 '19금' 서적이라 공교육 수업 시간에 학생들과 함께 읽기엔 무리가 있는 내용들도 있지만, 성인지 감수성이라는 용어나 개념을 다룰 때 이 두 장면을 보여 주며 설명하면 학생들이 쉽게 고개를 끄덕일 정도로 잘 받아들입니다. 앞의 장면을 보고 어떤 느낌이신지 궁금합니다. 성인지 감수성에 관한 이야기를 하면서 왜 이 그림을 보여 주는지 이해가 된다면 이미 성인지 감수성이 있는 분입니다.

2000년대 초까지만 해도 길을 걷다가 혹은 카페에서 차를 마시다가 웬 남성이 다가와 예쁘다며 전화번호를 알려달라고 하면 이것을 여성에 대한 칭찬으로 여기는 사회 분위기가 있었습니다. 실제로 대상이 된 여성은 이를 자랑스러워하기도 했죠. 왜 그랬을까요? 남성 중심의 가부장제 사회에서 여성을 바라보았던 남성의 시선으로 여성 자신을 인식하였던 것이죠. 요즘은 스토킹으로 이어질 수도 있어 삼가야 할 행동으로 여겨지고 서로 조심하는 분위기로 바뀌고 있지만, 범죄 예방 차원을 떠나서 그림의 남성이 이 여성을 어떻게 평가하든 상관없이 전화번호를 알려주고 안 알려주고는 전적으로 여성 자신이 결정할 일이라는 것을 그림은 말하고 있습니다. 그림의 여성은 성인지 감수성이 높은 반면에 남성은 성인지 감수성이 낮은 사람입니다. 우리나라만의 문제는 아닙니다. 최근 넷플릭스에서 제작한 영화 〈에밀리, 파리에 가다〉를 보다가 알게 되었는데요, 프랑스어의 명사는 여성형(La)과 남성형(Le)으로 구분되는데, 질을 프랑스어로 'Le Vagin'이라고 하더군요. 여성의 질 앞에 'Le'라는 남성형

관사가 붙었네요? 영화 속에서는 이를 지적하는 미국인 여성에게 한 프랑스인 여성이 "여자한테 달린 거지만 남자가 소유하는 물건이라?"고 농담처럼 말하더군요.

다음 그림 속 두 친구의 대화를 봅시다. 편의상 왼편의 모자 쓴 남성을 A, 오른편의 남성을 B라고 하겠습니다.

ⓒ민서영

현재까지도 드라마나 영화에서는 함께 있던 남성이 술 취한 여성을 동의도 구하지 않은 채 호텔로 데려가는 장면이 나옵니다. 정신을 잃고 흐트러져 잠든 여성을 비춰주고는 이후 성관계가 이루어졌음을 묘사합니다. 그림의 A처럼 성인지 감수성이 낮은 예입니다.

이와 같은 상황에서 성폭력이 발생했다면 남성과 함께 술을 마셔 취한 여성의 잘못이 아니라 전적으로 동의 없이 가해 행동을 한 남성이 책임져야 할 행동이자 범죄입니다. 성인지 감수성이 높은 B는 이것을 지적하고 있는 것입니다.

2000년 캐나다 맥길 의과대학의 애슐리 와자나 교수는 흥미로운 설문 조사를 했습니다.

"정치가가 로비스트로부터 뇌물을 받는 것에 대해 어떻게 생각하십니까?"

의대생들에게 이렇게 물었더니 85퍼센트 이상이 다음과 같은 대답을 했습니다.

"부적절한 행동입니다."

애슐리 와자나 교수는 비슷한 내용이지만, 조금 다른 경우를 제시해 질문했습니다.

"의사가 제약회사에서 향응을 대접받는 것에 대해 어떻게 생각하십니까?"

같은 의대생들에게 물었는데 전혀 다른 결과가 나왔습니다. '부적절한 행동'이라고 대답한 학생들이 확 줄어들어 46퍼센트에 불과했습니다.

　같은 상황을 놓고도 나와 무관하다고 생각하면 객관적이고 합리적으로 판단해 행동하지만, 관련 있다고 생각하면 주관적이고 비합리적으로 자신에게 유리하게 판단하고 행동한다는 겁니다. 성별, 나이, 고향, 출신 학교, 종교 등 나와 관련된 것들을 고려해 판단을 내리는 것이죠.

　이것이 사회학에서 말하는 일종의 동류의식(kind consciousness)입니다. 동류의식은 매사 자기가 속한 계층이나 집단을 다른 것과 식별함으로써 내적 결속을 강화합니다. 이는 자신과 다른 존재에 대한 열등감 또는 우월감으로 나타납니다. 심할 경우 계급의식(class consciousness)으로까지 발전하죠. 조금 통속적으로 말하자면 패거리 의식, 한패 의식 같은 거라고 할 수 있습니다. 나와 동류라고 생각되는 사람에게는 한없이 관대하면서도 그렇지 않은 사람에게는 차갑고 냉정하기 이를 데 없는 사람이 되는 것입니다.

　여기에 성별이 크게 한몫을 합니다. 성범죄나 성적인 문제가 발생했을 때 가해자와 피해자, 가해 행위와 피해 상황이 객관적으로 명확히 드러났음에도 사실을 보려 하지 않고, 가해자가 자신과 같은 남성(여성)이라는 이유로 가해자를 먼저 이해하려는 남성(여성)이 있습니다. 자기가 인지하지 못하는 사이에 약자인 피해자에게서 원인을 찾으려 합니다. 자기 안의 이 동류의식을 직면할 수 있어야 약자나 피해자 입장에서 고통을 공감할 수 있습니다. 피해자의 고통을 공감하지 않는다면 2차 가해자와 다름없지 않을까요?

 부모나 교사 세대는 자라면서 성인지 감수성에 대해 제대로 배울 기회가 없었습니다만, 학생들은 이제부터 배우고 익히고 있습니다. 그러니 가르치는 위치에 있는 교사와 부모는 학생들보다 더 높은 성인지 감수성을 가져야 아이들의 성을 자신도 모르게 침해하지 않을 수 있습니다. 새로운 개념과 낯설게 느껴지는 단어는 앞으로도 계속해서 생겨날 것입니다. 기성세대에게는 새로운 개념과 단어를 익히는 일이 쉽지 않지만, 학생들은 어차피 늘 새로운 것을 배우는 입장이라서 성인지 감수성도 잘 배우고 잘 받아들였습니다.
 주로 남성이 가해자이고 여성이 피해자인 상황에서 이 단어를 언급한 법정 사례가 기사화되다 보니 온라인상에서는 남성들에게 '공공의 적'이 된 개념이기도 합니다. 제가 생각하기에 성인지 감수성은 남녀 모두 함께 행복해지기 위해 생겨난 개념입니다. 우리 학생들이 잘못된 온라인 성 문화를 답습하기 전에 성인지 감수성에 대해 제대로 배울 기회를 갖길 바랍니다. 그림책을 활용하여 성인지 감수성을 바르게 이해하는 수업 사례에 대해서는 네 번째 파트에서 설명하겠습니다.
 앞에서 예로 든 책처럼 내용 일부를 성 수업에 활용하기에는 아주 유용하지만 공교육 교실 수업에서 함께 보기에는 선정적이고 성별 혐오적인 자료들이 있습니다. 꼭 필요하다고 판단되나 논란의 가능성이 있는 자료는 교육 대상과 목적에 맞게 일부 대사를 수정하거나 편집하는 등 재구성하여 활용하는 것도 고려해 볼 수 있습니다. 이 경우 수업 내 자료로 제한을 두어 대외적으로 자료가 복제·전송되어 저작권을 침해하는 일이 발생하지 않도록 유의해야 합니다.

**10대 아이들은 무모하고 위험해요.
그러려니 하고
지나가길 기다리면 되겠죠?**

●

　미국의 심리학자이자 상담가인 데이비드 월시가 쓴 『10대들의 사생활』은 10대들의 행동 특징을 두뇌 발달과 연관해 설명하면서 어떻게 교육해야 좋은지에 대해 잘 알려주는 책입니다. 저자에 의하면 인간은 약 1,000억 개 정도의 뉴런을 가지고 태어나며, 각 뉴런에는 평균 1만 개의 수상돌기가 있습니다. 갓 태어난 아기는 뉴런의 17퍼센트만 연결되어 있고요. 연결을 촉진하는 두 개의 힘은 유전과 경험으로, 유전자는 대략의 청사진을 제공하고, 유전자에 따라 연결되는 과정은 인생에서 겪는 경험에 기초해 더 견고해집니다.

　뇌 구조의 발달은 10대의 행동 변화의 주요 원인입니다. 신경생리학자 폴 맥클린은 인간의 뇌를 삼위일체의 개념으로 설명하는데, 뇌간, 대뇌변연계, 대뇌피질의 세 개로 구성되어 있으면서 함께 연결되어 한 가지 기능을 한다는 개념입니다.

　뇌간(brain stem, 뇌줄기)은 뇌의 가장 깊숙한 곳에 있으며, 호흡이나 심장 박동 등 무의식적인 생리 기능을 담당합니다. 즉 생명을 유지하는 기능을 담당하죠.

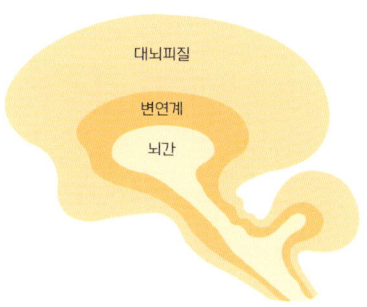

대뇌변연계(limbic system)는 정서를 담당합니다. 10대들의 강한 충동과 분노는 이 대뇌변연계와 관련이 있으며, 편도체, 해마, 시상하부, 복부 선조체 등으로 구성돼 있습니다.

대뇌피질(cortex)은 의식적 사고와 이성적 작용을 가능케 하는 회색 물질로 이루어져 있고, 뇌 전체의 80퍼센트를 차지합니다. 대뇌피질 중에서도 전전두엽 피질은 10대를 이해하는 데 가장 중요한 부분으로, 앞이마 뼈 바로 뒤에 자리해 있습니다. 계획 세우기, 결과 고려하기, 정서적 충동 조절하기 등을 담당하는 뇌 활동의 실질적인 CEO라고 할 수 있습니다.

몸의 근육처럼 뇌가 발달하기 위해서는 운동이 필수입니다. 활성화된 뉴런은 대부분 시냅스로 잘 엮여 있는데, 사용하지 않는 뉴런은 근육처럼 쇠퇴합니다. 데이비드 월시는 '사용할 것인가 혹은 버릴 것인가?'라는 질문을 통해 처리 과정을 설명했는데, 함께 자주 활성화되는 뉴런은 함께 잘 엮이는 데 반해, 어떤 뉴런은 사용하지 않으면 연결망에 제대로 엮이지 않아 결국에는 소멸하게 됩니다.

예를 들어 강한 정서적 충동을 조절하는 하나의 회로가 10대의 뇌에서 발달했다고 가정합시다. 그때 말하거나 행동하기 전에 먼저 생각해 보라고 아이를 자꾸 독려하면 이러한 연결이 더욱 강력해집니다. 반면 자신의 충동을 다스리는 행동을 전혀 해보지 않은 10대는 이 능력을 습득하기 상당히 어려워집니다.

10대 청소년들의 문제 행동들이 뇌가 충동을 통제할 수 있을 정도로 성장하지 않아서 생기는 문제라고 생각해 모든 일을 '뇌의 미성숙' 탓으로 돌려서는 안 됩니다. 통제할 수 있도록 학습하는 것이야말로 청소년들의 책임이자 의무죠. 그리고 그들을 도와주는 것이 부모와 교사의 역할입니다. 아이의 행동을 대수롭지 않게 여겨 무시하거나 내버려 두면 안 된다는 뜻입니다. 아이가 더 거칠어지도록 내버려 둬서도 안 됩니다. 10대 청소년기에 겪는 경험이야말로 자신의 감정과 충동을 조절하는 방법을 배우는 절호의 기회입니다. 따라서 전전두엽 피질이 성장하는 동안 부모와 교사는 아이가 나중에라도 내면화하게 될 지침과 건전한 사고방식을 제공해야 합니다.

Q '성적 자기 결정권'을 언급하면서
10대에게도 성관계를 할 권리가
있는 게 아니냐고 묻습니다

이 질문에 답하기 위해 법률 용어 관련 전문가의 의견을 구하고, 도움을 받아 관련 논문을 구해보고, 헌법재판소, 대법원, 법학자 측의 견해가 어떤지도 알게 되었는데, 기관과 학자에 따라 각각 다르게 설명하고 있었습니다.

"성적 자기 결정권은 인간은 자신의 생활을 자유롭게 결정할 수 있는 권리를 갖는 주체임을 전제로 하여 인간이라면 누구나 신체의 성장과 인격의 성숙에 따라 성생활의 가능성을 지니고 있는바, 헌법상 성적 자기 결정권이란 성행위의 여부 및 그 상대방을 결정할 수 있는 권리 등 타인과의 관계를 전제로 하는 성적인 접촉이나 성적 행위뿐만 아니라 개인이 독자적으로 할 수 있는 성적 만족 행위를 결정하고 행할 수 있는 권리라고 할 수 있다.

하지만 이러한 적극적인 의미의 성적 자기 결정권의 개념 속에는 '불법

한 성적 침해를 받지 않을' 소극적 의미의 성적 자기 결정권도 당연히 포함되어 있는 것으로 이해할 수 있다.

불법한 성적 침해를 받지 않는다고 하여 성적 자기 결정권을 온전하게 행사할 수 있는 것은 아니지만, 적어도 성적 침해를 받지 않음으로 해서 성적 자기 결정권을 온전하게 행사할 수 있는 환경과 기회를 만들 수 있기 때문이다." (출처: 이얼·김성돈, 「성적 자기 결정권의 형법적 의의와 기능」, 법학논총 제34권 제2호, 단국대 법학연구소, 2010. 12)

'성적 자기 결정권(sexual self-determination)'은 성교육 과정 중 피해자의 인지능력과 자존감 향상에 목적을 두고 사용되기 시작한 용어인데, 우리나라는 이 용어를 성범죄 '보호법익', 즉 성범죄로부터 피해자를 보호할 목적으로 가져왔습니다. 성적 자기 결정권이라는 용어가 생겨난 이유와 적용이 애초에 어긋나긴 했습니다만, 상대방의 성적 자기 결정권을 침해하는 것이 성폭력이라고 적용해 왔습니다. 저도 오랫동안 이런 의미로 교실에서 가르쳤습니다.

그러나 실제 현장에서는 피고인이 피해자의 '성적 자기 결정권' 핑계를 대는 일이 비일비재하다고 합니다. 상대 아동·청소년이 자신의 성적 자기 결정권을 행사하여 성관계 했으니 성범죄가 아니라는 식으로, 주로 가해자의 범죄를 정당화하는 데 잘못 사용되고 있다는 겁니다. 성적 자기 결정권이 성범죄 사건에서 피해자(주로 아동·청소년, 장애인 등)에게 책임을 전가하는 괴상한 논리로 악용되고 있는 것을 이대로 계속 두고 보고만 있어도 될까요?

성적 자기 결정권이란 성적으로 보고 듣고 말하고 행동하는 모든 것에서 자기 자신이 스스로 결정할 수 있는 권리를 뜻하며, 같은 의미에서 다른 사람의 성적 자기 결정권을 침해해서는 안 된다.

이렇게 가르쳐 왔던 제게 깜짝 놀랄 만한 일이 생겼습니다. 포털 사이트 검색창에 '성적 자기 결정권'을 검색해 보니 지식백과 시사상식사전에 이렇게 쓰여 있었습니다.

'성적 자기 결정권은 자기 스스로 내린 성적 결정에 따라 자기 책임 하에 상대방을 선택해 성관계를 가질 수 있는 권리를 말한다.'

아래의 표는 2020년 7월 22일 마지막 수정으로 표시되어 있던 화면을 캡처한 것입니다. 이 용어를 누가 조회했을까 살펴봤더니 10대, 여성이 많았습니다. 10대들은 성적 자기 결정권이 왜 궁금했을까요?

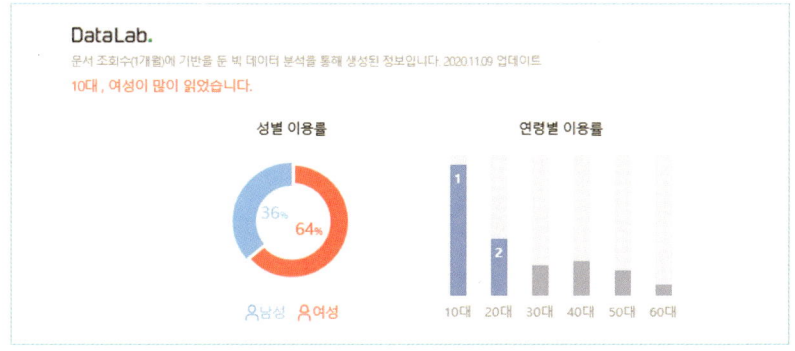

우리는 모두 페미니스트가 되어야 한다고 생각하고 저도 페미니스트입니다만, 페미니스트 중 일부에서는 10대에게도 섹스할 권리가 있다고 주장합니다. 더불어 10대에게도 낙태할 권리가 있다고 주장하죠. 이런 말들이 성적 자극에 약한 아이들을 선동하고 있습니다. '너에게 성적 자기 결정권이 있어. 너의 권리를 행사해! 경험해 봐!'라고 속삭입니다. 거짓입니다.

"미성년자는 일반적으로 정신적·육체적 성장 또는 발육이 미숙하고 성적 정체성이 확립되지 아니하여 성적 수치심, 혐오감 등 주관적인 성적 감정에 대한 이해 내지 인식 및 표현이 부족하고, 성적 도덕 관념 등 객관적인 성적 가치 기준에 대한 분별이 엄격하지 아니하므로 소위 '성적 자기 결정의 자유'를 스스로 누리기 부족하다고 판단하여……."

(서울중앙지법 2005년 8월 30일 선고 일부를 수정 없이 인용함)

이러한 이유로 우리나라 의제 강간 대상 연령인 만 16세 미만 아동·청소년이 성관계에 동의했더라도 자기 결정권 행사로 보지 않으며, 성 착취, 즉 강간죄로서 형사처분 대상입니다.

따라서 성적 자기결정권은 의제 강간연령인 만 16세 미만에게는 해당되지 않는 개념입니다.

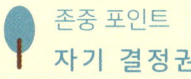
존중 포인트
자기 결정권

자기 결정권을 명시적으로 인정하는 법 규정은 어디에도 없지만, 대한민국 헌법 제10조와 제37조 2항을 근거로 하는 일반적인 권리를 가리킵니다.

헌법 제10조
모든 국민은 인간으로서의 존엄과 가치를 가지며, 행복을 추구할 권리를 가진다. 국가는 개인이 가지는 불가침의 기본적 인권을 확인하고 이를 보장할 의무를 진다.

헌법 제37조 2항
국민의 모든 자유와 권리는 국가안전보장·질서유지 또는 공공복리를 위하여 필요한 경우에 한하여 법률로써 제한할 수 있으며, 제한하는 경우에도 자유와 권리의 본질적인 내용을 침해할 수 없다.

헌법 제37조 2항은 사적인 영역에서 국가권력의 간섭 없이 스스로 결정할 수 있는 권리를 말한다. 우리 헌법은 인간은 "자신이 스스로 선택한 인생관·사회관을 바탕으로 사회공동체 안에서 각자의 생활을 자신의 책임 아래 스스로 결정하고 형성"하는 존재임을 선언하고 있다.
헌법재판소는 헌법이 미처 규정하지 못한 자기 결정권에 대해서도 폭넓게 인정하고 있다. 예를 들어 환자의 자기 결정권, 소비자의 자기 결정권, 개인정보 자기 결정권, 사회적 인격상에 관한 자기 결정권 등은 헌법 제10조에 근거하거나 또는 독자적인 자기 결정권으로 인정받고 있다.

- 출처: 이얼·김성돈, 「성적 자기 결정권의 형법적 의의와 기능」 중에서

한편 헌법재판소는 2019년 4월 11일 낙태를 처벌하도록 한 형법 규정이 여성의 '자기 결정권'을 과도하게 침해해 헌법에 어긋난다고 결정, 헌법 불합치 결정을 내린 바 있습니다.

믿었던 아이들이 사귀다 헤어졌는데
임신 6개월이래요.
어쩌면 좋을까요?

●

지금의 부모 세대가 초중등학교에 다닐 때만 해도 대개 이성 교제는 소위 '노는 아이들'이나 했지 보통 학생들은 짝사랑도 숨겼던 그런 학창 시절을 보냈습니다. 부모나 교사가 아이들의 이성 교제에 불편한 감정이 앞서는 이유의 하나가 아닐까 생각해 봅니다.

저는 아이들 가까이에서 연애 상담자 역할도 하다 보니 생각이 바뀌었습니다. 지금 10대에게 이성 교제는 흔한 문화이기도 하고, 마음고생할 일이 많은 요즘 아이들에게 부모가 줄 수 없는 큰 위로와 기쁨이 되어 주기 때문입니다. 그렇다고 해서 사귀라고 부추기는 건 아닙니다. 다만, 누가 누가 교제한다고 알려지면 평소 학교생활을 착실히 하는 아이였든 아니든 눈여겨 지켜보게 됩니다. 교제하는 아이들이 반드시 잘 넘어가야 할 산, 스킨십 때문이죠.

최근에 한 담임교사가 얼굴이 하얗게 질려서 보건실로 찾아왔습니다.

"학생 둘이 예쁘게 사귀다가 헤어졌어요. 평소 믿었던 아이들인데, 이제 와서 여자아이가 임신 6개월이라고 하네요. 어쩌면 좋을까요?"

교사가 학생을 '믿는다'라고 하는 것은 수업에 잘 참여하는 착실한 아이였다는 거예요. '예쁘게 사귀었다'는 교사가 보기에 그랬다는 뜻입니다. 학교 안에서 보기에는 학생답게 사귀는 것 같았고 어른들이 걱정하지 않아도 될 것 같았다는 거죠.

이런 사건을 처음 접하면 먼저, 이 사실을 누가 알고 있는지, 그리고 당사자 학생들과 부모님의 태도는 어떤지 확인합니다. 목표를 '여학생(또는 어려움을 겪고 있는 학생)이 이 학교에 계속 다닐 수 있게 하는 것'에 두고, 담임교사 외에는 학교 관계자 아무도 모르게 하면서 학생과 부모가 어떤 결정을 내리는지 지켜봅니다. 혹시 학교생활 중에 힘들 때 찾아가고 싶은 선생님이 있다면 누구인지 물어보고 학생과 교사를 연결해 줍니다. 이런 일들이 다급하게 진행되다 보니 담임교사는 무척 힘듭니다. 부모의 고통에 공감하고 위로해야 하고, 상대 남학생을 관리해야 하며, 비밀 유지에 철저해야 하고, 여학생이 혹여 다른 생각을 하지나 않을지 노심초사하면서 다른 학생들에게 들키지 않게 예민하게 연결되어 있어야 합니다.

과거 모범적으로 학창 시절을 보낸 대부분의 교사는 현재 임신 상태인 학생이 이해도 안 되고 부담스럽습니다. 10대가 있는 가정을 한번 상상해 봅시다. 귀하고 사랑스러운 자녀가 초등학교 고학년에 올라가면서 슬슬 반항기를 보이다가, 중학생이 되더니 집에만 오면 방문을 쾅 닫고 들어가서는 나올 생각을 하지 않습니다. 말을 걸어도 좀처럼 대화가 이어지지 않습니다. 어쩌면 아이 곁에 있는, 소통 가능한 유일한 어른이 교사일 수 있습니다.

"여러분, 성범죄 피해자가 된 것 같을 때 부모님이나 믿을 만한 어른에게 즉시 알리고 도움을 받아야 해요. 혼자서 문제를 해결하려고 하면 안 돼요."

"저는 선생님께 알릴 거예요."

이렇게 대답하는 학생들이 꽤 됩니다. 가정과 학교에서 외로운 아이들이라면 더욱 그렇습니다. 가정에서 돌봄과 존중을 받지 못하였더라도 가까이 있는 믿을 만한 어른으로부터 존중받고 성공적으로 소통한 경험이 쌓이면 그 학생은 점차 바르게 자랍니다. 나도 누군가로부터 배려받고 존중받는 존재라는 경험을 반복하면 자신을 존중하게 되니까요. 저는 선생님들이 아이들 가장 가까이에 있는 책임 있는 어른으로서 어려움을 겪는 아이들을 돕는 활동가 역할까지 할 수 있으면 좋겠습니다.

'10대 임신'을 주제로 한 4차시 수업 중 세 번째 시간인 '미혼부·미혼모' 주제로 수업할 때 있었던 일입니다. 평소 리액션(반응)이 좋고 활기찬 분위기의 학급이어서인지 그날은 저도 긴장이 좀 풀렸나 봅니다. 고등학생 미혼모가 경제적인 어려움으로 출산한 지 한 달 만에 아기를 입양 기관으로 데려가는 짧은 영상을 같이 보다가 저도 모르게 눈물보가 터졌습니다. 교탁 뒤에 쪼그리고 앉아서 흐르는 눈물을 주체하지 못하고 있는데, 마침 수업 마침 종이 울렸습니다.

그런데 교실 안이 조용한 거예요. 간신히 감정을 추스르고 일어나 보니 아이들이 조용히 저를 기다려주고 있었습니다. 저를 존중해 준 거죠. 그 시간을 통해 청소년 미혼모·미혼부 아이들이 제 마음속에 늘 있었다는 것을 깨달았고, 이들을 도울 방법이 없을까 고민하며 찾아보니 청소년 미혼부·미혼모를 돕는 단체들이 있었습니다.

후원을 시작하면서 더 열심히 10대 임신 수업을 하게 되었고, 아이들에게도 청소년 미혼 부모를 돕는 방법을 설명할 때 '후원하기'에 대해서도 알려줄 수 있게 되었습니다. 학교에서 가출과 임신의 두려움으로 고민하는 아이들을 더 따뜻한 마음으로 대하게 되었습니다.

어느 수업 연구회 모임에서 한 선생님이 고백했습니다.

"내 안에 10대 임신을 겪는 아이를 비난하는 마음이 있었습니다. 이제 그 아이를 깊이 이해하게 되었습니다. 생명을 책임 있게 지켜낸다는 것이 나이와 무관하게 얼마나 숭고한 일인지를 알게 되었습니다. 우리 어른들이 많이 도와줘야 할 것 같습니다."

청소년 미혼부·미혼모 지원단체
● 자오나학교
www.zaona.net, 연락처 02-911-7580
14~24세 청소년 중 임신 출산을 앞둔 친구
중등 2년, 고등 2년 과정

존중 포인트
낙태법 개정

2019년 4월 11일 헌법재판소는 형법상 낙태죄 조항에 관해 헌법 불합치(태아의 생명권과 임신과 출산의 시기를 선택할 수 있는 여성의 자기 결정권) 판결을 내렸습니다. 헌법재판소는 위헌성은 인정하지만, 사회적 혼란을 막기 위해 대체 법안을 마련하기 전까지 현행 법률을 그대로 유지하겠다는 입장이었고, 이에 따라 2020년 12월 31일까지 국회에서 낙태법(모자보건법)을 개정하도록 주문했습니다. 결과적으로 입법부가 마지막 시한을 지키지 못하여 2021년 1월 현재 입법 공백 상태이므로 다음 임시국회 회기에서 논의가 시작되기를 기대합니다.

그동안 모자보건법에 규정된 낙태 허용 사유가 아닌 이유로 인공 임신 중절을 선택한 여성이 병원에 가면 다음과 같은 상황을 겪어야 했습니다. 우선 인공 임신 중절 수술이 불법이기 때문에 의료보험의 적용을 받을 수 없는 데다 의사들이 비밀보장 각서를 요구하거나 현금으로 결제를 요구하면서 기록을 남기지 않으려고 합니다. 어떤 의료 서비스를 받을 때도 그런 모욕적인 각서를 쓰면서 의사와 환자가 서로 불신하지 않습니다. 게다가 수술이 불법이다 보니, 의사들은 충분히 교육받지 못한 채 수술을 해왔습니다. 위험부담은 고스란히 환자의 몫이었던 겁니다. 따라서 수술이 잘못됐거나 합병증이 있을 때 제대로 후속 처치를 받지 못한다는 것 또한 큰 문제였습니다. 모자보건법에 명시된 합법적인 경우라 해도 "우리 병원은 낙태 수술을 하지 않는 게 원칙이다.", "성폭력으로 인한 임신이라는 것을 증명할 수 없다." 등의 사유로 수술을 거부당하다가 인터넷 커뮤니티에 상담 글을 올리면 돌연 낙태 브로커가 등장했습니다. 이 브로커들은 인공 임신 중절 수술을 받을 수 있게 해준다고 유인해 성폭력을 하거나 병원에서 현금을 요구했을 때 바로 대출업자로 전환하는 등 각종 범죄를 저지르기도 했습니다.

낙태법 개정 여부를 떠나 인공 임신 중절이라는 주제를 도덕적 이슈로만 볼 것이 아니라 보건의료적인 이슈로 보고 여성의 건강권에 대한 다각적인 논의가 필요한 시점입니다. 저는 모든 임신 여성 중에 가장 약자는 청소년이라고 생각합니다. 임신한 여성 청소년을 어떻게 지원하고 보호할지 구체적인 대책이나 매뉴얼조차 없는 현 실태가 눈물겹습니다. 학부모가 보호자 역할을 하지 못할 때, 지역사회와 국가가 이들을 지원하고 보호할 수 있어야 하지 않겠습니까?

Q 남학생들이 성기를 툭 치고
도망가는 장난을 해요.
초등학교에서 성기 부위에 대한
언어적·신체적 장난을 가벼이 여기는 경우가
많은데, 이를 지도하기가 어려워요

●

　초등학교 저학년의 경우 다른 사람의 성기에 대한 장난은 몸을 탐색하는 단계에서 나타나는 자연스러운 현상이 살짝 경계를 넘은 것이라고 볼 수 있습니다. 이때는 정색하고 문제시하는 것보다는 몸의 소중한 부분을 가볍게 여겨 장난 거리로 삼는 행동을 선생님이 좋아하지 않는다는 것이 느껴질 정도로 일관성 있게 대해주는 것이 좋습니다. 수업 활동지에 성기 그림을 그렸을 때에도, 옆 반 남자 선생님을 불러오는 것보다는 '속옷으로 가리는 부분을 이런 식으로 그리는 건 불쾌해.' 정도의 느낌으로 구겨서 쓰레기통에 버리는 모습을 보여주는 것이 배움으로 연결되는 데 효과적입니다. 사춘기 전 단계의 아이들(정상적인 발달 단계에 있다면)에게 성은 놀이의 소재이고, 어떤 성적인 의도를 품고 있지 않기 때문입니다.
　초등학교는 저학년(1~2학년), 중학년(3~4학년), 고학년(5~6학년)으로 학년군이 나누어져 있습니다. 실제로 초등학교에 가서 수업해

보니 성교육에서는 기존 학년군보다 더 세분화해서 학년별로 세심하게 접근할 필요가 있겠다는 생각이 들었습니다. 그만큼 나이에 따른 아이들의 내적 특성을 고려해서 수업하는 것이 중요합니다. 사실 아이는 성에 대한 부모의 태도에 많은 영향을 받기 때문에 아이의 내적 특성을 잘 아는 부모로부터 성교육을 받는 것이 가장 이상적입니다. 그렇지만 가정과 별도로 학교라는 또 하나의 사회 속에서 나와 너의 성에 대해 배우는 것도 매우 중요하므로 초등학교 중학년부터는 교실에서 교사의 세심한 배려와 존중을 받으면서 친구들과 함께 성에 대해 배워나가야 합니다.

수업 마치는 종이 울리고 교무실로 돌아가는 복도에서 남학생끼리 성기를 툭 치고 달아나는 장면을 심심찮게 목격합니다. 지친 오후에는 이런저런 것들을 보거나 듣고 싶지 않은 마음에 보지 못하고 듣지 못하는 사람처럼 눈을 내리깔고 복도를 지날 때도 있습니다. 금쪽같은 10분 휴식 시간을 투자해 지도해봤자 별 효과가 없더라는

축구선수 프리킥 장면을 봐도 남성들이 가장 먼저 보호하는 신체 부분이 어딘지 알 수 있습니다.

경험 때문이죠. 그런데요, 초등학교 5학년 이상의 남학생들에게 효과적인 교육 방법이 있습니다. 자주 그런 장난을 하는 아이들이 모인 학급을 대상으로 백색막 손상, 음낭파열의 원인과 결과, 치료 방법을 상세히 교육하고 나면 이런 장난이 확실히 줄어듭니다.

존중 포인트
음낭파열과 백색막 손상

음낭파열은 학교에서는 주로 축구 경기 중에 상대방이 찬 공에 맞거나 골문 앞에서 맹렬하게 슈팅하던 학생의 발에 차여서 발생합니다. 음낭이 붓거나 심한 통증을 느끼게 되죠. 음낭 손상이 의심되면 즉시 침상에 누워 휴식을 취하고, 해당 부위를 냉찜질하면서 잘 관찰해야 합니다. 시간이 지나도 부종과 통증이 계속되면 비뇨기과 전문의를 찾아가 진단을 받아야 합니다.

백색막 손상은 발기 시 충혈로 얇아진 음경해면체의 백색막이 외부 충격으로 손상된 상태를 말하며, 청소년의 경우 주로 자위할 때 '뚝' 하는 느낌과 함께 음경에 통증이 발생합니다. 백색막이 손상된 상태로 치료하지 않고 그대로 두면 발기할 때마다 출혈이 반복되고, 흉터화가 진행되면서 음경이 휘는 만곡 현상이 나타날 수 있습니다. 비뇨기과에서는 촉진, 초음파검사, 음경해면체 조영술, MRI(자기공명영상) 검사 등으로 찢어진 정도와 혈종을 확인하여 진단합니다. 손상 정도와 병원 접근 시간, 얼마나 솜씨 좋은 의사를 만났는가에 따라 원상태로의 회복이 달라집니다.

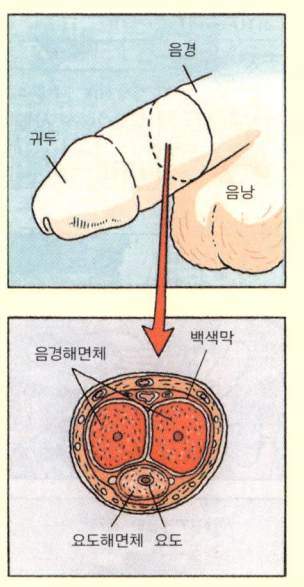

성교육을 위한 PPT에 사용할 그림은 교과서에서 찾는 것이 좋습니다. 쓸데없는 논쟁이나 민원으로부터 자유롭고, 아이들도 자연스럽게 받아들이기 때문이죠.

그림 출처: 생활속의 보건(중앙교육)

성 관련 질문을 하지 않는
초등학교 저학년 아이들에게도
교사가 먼저 나서서 성을 가르쳐야 할까요?

●

쉽지 않은 문제입니다. 하지만 사회적으로 성적인 피해자의 연령대가 점차 낮아지는 추세를 고려할 때, 아이의 발달 단계에 맞춰서 조금 먼저 그리고 바르게 알려줄 필요가 있습니다. 초등학교 저학년 대상으로는 '솔직하게'나 '자세히'보다는 발달 단계를 고려하여 '바르게' 알려주고, 질문에는 '즉시', '간단하게' 대답하는 것이 좋습니다.

아이들이 평가하는 솔직함과 어른들이 생각하는 솔직함에는 간격이 있습니다. 제가 반복해서 강조하지만, 가르치는 어른을 기준으로 한 '19금' 수준은 솔직함이 아닙니다. 배우는 아이들 나이와 수준에 맞춰 적당한 언어와 방식으로 바르게 성을 다루어야 합니다.

중요한 것은 성에 대해 가르치는 교사나 부모의 태도에서 아이들은 강한 인상을 받는다는 겁니다. 미디어나 게임, 웹툰 등 다양한 대중매체에서 보여 주는 성을 내면화하지 않게 하려면, 교사나 부모가 성을 품위 있게 대하는 모습을 보여 주어야 합니다.

"○○이한테 동생이 생겼어요!"

아이가 불쑥 이렇게 말할 때는 어떻게 하는 게 좋을까요?

"○○이는 참 좋겠네요. 자, 여러분이 세상에 태어날 때는 어땠는지 얘기해 볼까요?"

기다렸다는 듯 자연스럽게 이야기를 풀어나가면 됩니다.

자연스럽게 이야기를 시작할 기회가 오지 않으면 어떻게 할까요? 마냥 기다릴 수만은 없으니 익명 쪽지 질문을 받거나 설문 조사 형식으로 아이들이 정말 궁금해하는 것을 먼저 알아보고 나서 이를 토대로 수업을 디자인하는 것이 좋습니다. 아이들이 수업에 대한 기대를 품게 되고 훌륭한 동기유발이 됩니다. 그리고 이 방법은 교사와 학생 모두에게 안전합니다. 만약 교사가 정해놓은 주제가 있다면 미리 주제에 대해 알려주고, 관련된 쪽지 질문을 받아서 진행하면 되겠죠.

초등학교 저학년 아이들의 경우, 성과 관련하여 아이가 묻지 않은 것에 관해 이야기하면 아이에게 마음의 부담을 줄 수도 있습니다. 따라서 교사가 알려주고 싶은 것보다는 아이들의 질문에 답하는 방식이 가장 좋습니다. 친구들이 질문한 것에 대해서는 거부감이 없고, 친구의 질문에 정성껏 답해주는 모습을 보면서 자기가 존중받는다고 느끼므로 아이들의 짧은 질문 하나라도 소중히 여겨줘야 합니다.

수업 순서는 어떻게 하는 게 좋을까요?

아기는 어떻게 태어나는가 하는 주제를 가르치기 위해 초등학교 저학년 아이들에게 임신하는 경로부터 알려주는 것보다는 생명의 탄생에 대해 먼저 다루는 게 좋습니다. 그리고 중학년, 고학년이 되면 이렇게 이끌어가는 것이죠.

"자, 이제 여러분의 몸이 어떻게 엄마 뱃속으로 들어왔는지 알려줄게요."

Q 여학생은 여교사가,
남학생은 남교사가
남녀 각각 따로 수업하는 것이
좋지 않을까요?

●

특별한 사건이나 문제가 있어 계획된 성교육을 제외하고 모든 성교육 수업은 남녀가 함께하는 것이 이상적입니다. 성교육 전문가라면 누구나 알고 있는 수업 원칙입니다. 우리나라 혁신 교육에 가장 큰 영향을 미친 일본 도쿄대학교 명예교수이자 가쿠슈인대학교 교육학과 교수인 사토 마나부는 저서 『수업이 바뀌면 학교가 바뀐다』에서 배움을 이렇게 설명합니다.

"배움이란 교사의 말이나 친구들의 말에 대한 대응으로 무엇인가가 환기되는 일, 그 환기된 것을 자신의 말로 만들어내어 다른 친구의 말과 비교해 가며 차이와 공통점을 찾아가는 일, 개인과 개인이 서로 차이를 조정하며 맞추어가는 과정이다."

저는 운이 좋게도 사토 마나부 교수가 인도하는 프로그램으로 진행된 일본의 여러 초·중·고등학교 교실 수업을 참관할 수 있었는데, 아이들이 서로 작은 차이를 느끼면서 맞춰가는 동안 교사가 얼마나 겸허하고 조심스럽게 기다려주는지를 보면서 크게 감동했습니다.

수업하는 교사 입장에서는 여성으로서 남학생을 앞에 두고 남성의 생식기와 성 심리에 대해 구체적으로 언급하는 것이 부담스럽게 느껴질 수 있습니다. 그러나 교사의 불편감은 조금 더 잘 준비하고 성공한 수업 경험이 쌓이면 자연스럽게 극복됩니다. 남녀별 수업 후에 이루어진 평가에서 "남자애들이 수업을 방해한다고만 생각했는데 따로 나누어져 배우니까 수업이 덜 재밌고, 남자애들은 어떻게 생각하는지 제대로 들어볼 수 없어서 아쉬웠다."라는 여학생들의 의견에 더 의미를 두면 좋겠습니다.

학교 성교육이 어려운 이유 중 하나는 사회에서 제기된 성적 이슈와 담론을 학생들의 성장 발달 상태와 인지적 부조화에 대한 고려 없이 그대로 학교로 옮겨와 적용하라고 주장하는 이들이 많다는 데 있습니다. 사회의 성적 담론(예를 들어 여성의 임신을 중단할 권리, 월경하지 않을 자유, 성적 자기 결정권 등)에 대해 어느 교과에서 어떻게 다루어야 아이들이 제대로 배우고 생각할 기회를 가질 수 있을까요? 이슈 하나를 가지고 아이들 앞에 서 본 교사라면 알 것입니다. 정말 많이 공부해야 하고, 모든 관점에서 열린 눈으로 바라보면서 치열하게 고민하고 준비해야 수업에서 성취 기준에 다다를 수 있다는 것을 말이죠. 그러면 누가 가르치는 게 좋을까요?

불편한 교사가 먼저 시작해야 합니다. 여학생들의 극단적인 페미니즘화 경향이 걱정스럽고 불편한 교사가 '페미니즘은 모두 함께 행복하기 위한 프레임이어야 한다'는 것을 드러낼 수 있습니다. 페미니즘, 미투, 위드 유가 불편한 남교사가 왜 남성이 불편해하는지 스스로 돌아보고 공부하면서 함께 행복하기 위하여 보통의 남성이라면 이 이슈를 어떻게 바라보고 말하고 행동해야 하는지를 남학생들과 이야기 나눌 수 있습니다. 또한 남성들이 이렇게 고민하고 있다는 사실을 여학생들이 알게 되면 싸울 이유가 없어지고 기다려줄 수 있게 됩니다. 이제는 여교사가 엄마 같은 마음으로 하는 성교육뿐 아니라 여러 성별의 어른과 다양한 관점에서 나누는 대화가 더 필요해지고 있습니다.

남녀 함께 안전한 공간에서 대화를 나누고, 다름과 같음을 확인하며, 성에 대해 배우면 성인지 감수성이 높아집니다. 아이들 미래의 삶에 큰 지표가 되어줄 높은 성인지 감수성을 위한 교육은 어쩌면 교사가 줄 수 있는 최고의 선물이 아닐까요?

**중립적인 관점에서 수업하는 게 가능할까요?
혹시라도 아이들의 가치관 확립에
방해가 될까 두렵습니다**

●

성을 교육하는 사람에게 '나'를 잘 아는 것은 대단히 중요한 문제입니다. 부모와 교사는 자신의 가치관을 반복적으로 언급(강요)하지 않기 위해 노력해야 합니다. 만약 자신이 성 역할 고정관념이 강하다는 것을 잘 알고 있다면 그것을 드러내지 않도록 조심해야 합니다. 행여 실수하게 되면 실수였다고 곧바로 사과해야 하고요.

강의하면서 만난 부모와 교사 중에 남자나 여자에게 치우치지 않은 중립적인 입장에서 가르치고 싶어도 자신을 믿을 수 없어서 아예 입을 열지 못하게 된다고 말하는 분들이 있었습니다. 망설이다가 결국은 가르쳐야 할 때를 놓치게 되는 것입니다.

우리가 성장할 때 그렇게 잘 배웠나요? 아니죠. 우리 부모님들은 훨씬 못 배우셨지만, 우리를 잘 키워내셨습니다. 내가 여자인데, 어떻게 나에게 중립적인 입장이 되라고 요구할 수 있을까요? 그 어려운 걸 하려고 하니 늘 할 수 없게 되는 겁니다.

가치관 형성에 도움을 주면서 좀 더 쉽게 접근하는 방법을 한 가지 알려드리자면, 남자와 여자 양측의 입장을 같이 들려주도록 노력하는 것입니다. 보수와 진보 양측의 입장을 같이 제시해주는 거예요. 이렇게 양측을 같이 언급하면 수업이 남녀 대립으로 가지 않습니다. 그러면 선생님이 여자라서, 남자라서 그렇다는 말이 나오지 않습니다. 남녀의 생각 차이가 있을 것 같은 주제에 대해서는 모둠 활동부터 시작하는 것이 좋습니다. 교사의 의견은 빼고 아이들 의견으로 진행하는 것이죠.

 이렇게 수업하면 아이들의 성인지 감수성이 높아집니다. 성인지 감수성은 상대방도 나와 같은 성적·인격적 존재라는 것을 민감하게 깨닫는 것입니다. 지금 내가 말하고 행동하는 것이 상대방에게 어떤 영향을 미칠지 먼저 생각해 본 다음 말하고 행동하는 것이 성인지 감수성입니다. 성인지 감수성이 높아지면 SNS, 게임 채팅방, 인터넷 영상 답글에 만연한 성별 혐오를 비판적으로 볼 수 있게 되고, 그런 문제 있는 성 문화에 물들지 않으려고 노력하게 됩니다. 성인지 감수성이 높아진 뒤로는 평소 그냥 지나치던 답글 속의 성희롱이 눈에 띄더라는 아이들의 고백을 들었습니다.

Q 남학생끼리 단톡방에서
야동을 돌려 본다고 합니다.
음란물의 유해성에 대해 알려주고 싶은데,
말을 꺼내기가 힘들어요

●

음란물 주제의 수업은 교사가 뻔뻔하다 싶을 정도로 당당해야 합니다.

'너희들이 야하다고 생각하고 킥킥거리는 그 영상이 실은 어떤 거짓으로 가득한지 낱낱이 알려주마!'

이런 속내를 가지고 아이들 앞에 설 수 있을 때까지, 즉 교사가 준비될 때까지는 이 수업을 미뤄야 합니다.

조회나 종례 시간이 아닌 수업 시간에 '음란물'을 다루어야 하는 이유는 수업이 가장 안전한 공간이기 때문입니다. 수업 시간은 교사와 학생 모두에게 안전한 공적 공간입니다. 그리고 수업 시간에 친구들과 함께 배움을 공유한 음란물에 대한 진실은 힘이 있습니다. 교실 문화를 바꿀 만큼 힘이 셉니다.

저는 수업 자료를 PPT로 준비하는 대신 한 글자 한 글자 꾹꾹 눌러 판서하며 음란물 수업을 진행합니다. 음란물 수업을 준비하기 위해 요즘 음란물에 어떤 것이 있는지 애써 찾아볼 필요는 없습니다. 불쾌한 것을 보고 난 교사의 불편한 감정이 얼굴에 드러나게 되면 수업을 품위 있게 진행하기 어려울 수도 있거든요. 게다가 행여 아동·청소년이 영상에 등장하기라도 하면 성 착취물 시청으로 법적 문제가 발생하므로 조심해야 합니다.

음란물에서는 현실과 다르게 사랑하는 사람에 대한 적극적인 보호, 책임, 존중, 이해가 없고, 생명(임신)의 가능성이나 성병에 대해 고려하지 않습니다. 또한 음란물에서 보여 주는 성은 서로 사랑하는 행위가 아닌, 모니터 너머에 있는 고객을 자극하기 위해 대본에 따라 연기하는 것이라는 것을 교사가 직접 알려주는 대신 슬쩍 힌트를 주고 퀴즈 형식으로 아이들이 말하도록 진행하는 것이 효과적입니다.

음란물 수업에서 유의할 점은 '얼마나 많이 봤기에 저렇게 대답을 잘하지?'라는 비난이 수업 후에도 나올 수 있다는 것입니다. 수업 초반에 음란물이 불편했던 사람만이 찾아낼 수 있다며 아이들의 적극적인 답변을 북돋워 주어야 소통이 잘되며 뒤탈이 없는 수업이 될 수 있습니다.

존중 포인트
야동 끊는 방법을 상담해 오는 학생에게

'음란물을 보게 되면 점점 더 강한 자극으로 이어질 수밖에 없다. 음란물을 처음부터 보지 않는 것이 가장 좋은 예방 방법이다.' 디지털 성범죄 피해 지원보고서 등 여러 기관에서 배포한 디지털 성범죄 예방 교육자료에 나와 있는 이 내용으로 수업을 한 후 학생 수업 평가지에 남학생들의 강한 저항이 있었다는 이야기를 한 선생님에게 전해 들었습니다. 저라면 남학생들의 이 평가를 공론화하여 수업에서 아이들과 대화를 더 나누었을 것 같습니다만, 문제 있는 성 문화에 대한 도덕적 무감각을 모르는 척해서는 안 됩니다. 외국에서는 'nofap(금딸운동)'이 청년들을 중심으로 확산되고 있다고 합니다. 알렉스라는 외국 청년이 인터넷 영상으로 음란물 중독을 피하는 방법에 대해 알려준 팁을 기준으로 작성해 봤습니다.

1. 야동이 나의 삶을 어떻게 지배하고 있는지 객관적으로 보게 한다.
2. '야동 보지 않기'를 선택하고 90일을 목표로 하도록 지지한다.
3. 발전일기를 쓴다. 매일 어떻게 유혹의 시간을 이겨냈는지, 하루하루 달라지고 있는 자신에 대해 일기를 쓰면 효과를 잘 알 수 있어 견디기 쉽다.
4. 혼자 있는 시간을 줄이는 등 생활 패턴을 바꾸고 SNS 활동을 줄인다.
5. 금욕 카페에 가입한다: 야동을 이겨내는 온갖 팁들이 있고, 성공과 실패담들이 많아 도움이 된다. 힘들 때 도움을 요청하면 격려해주는 문화가 형성되어 있어 이겨낼 수 있다.
6. 유혹이 생길 때 운동부터 한다: 잠깐 걷기만 해도 유혹의 순간이 지나가고, 운동 후에는 할 생각이 안 난다.
7. 꿈을 생각한다: 계속 이렇게 시간과 에너지를 낭비하면 나의 꿈은 어떻게 될까? 10년 후 나는 어떤 사람이 되어 있을지를 생각한다.

Q 성교육 후에 오히려
'섹드립'이 늘었다는데
무엇이 잘못되었을까요?

●

한 선생님이 교육기관 간 메신저로 보내주신 이 질문에 시선이 한참을 머물렀습니다. 도대체 왜 이런 일이 일어났을까? 본 수업을 참관하지 않았던 저로서는 정답을 찾을 수는 없습니다만, 이런 결과로 이어지게 된 여러 가지 가능성을 유추해 보겠습니다.

수업이 판도라의 상자를 연 것일까요? 서로 서먹서먹했는데 성교육을 계기로 말문을 튼 것일까요? 만약 그렇다면 혹시 성교육 시간에 학생들과 성적 경험을 나누지는 않았는지 돌아보아야 합니다.

"야동 본 적 있는 사람 손들어 보세요."
"여러분은 야동을 주로 어디서 찾아요?"
"아직 몽정 못 해본 사람 있어요?"
"자위는 몇 시에 하는 것이 안전할까요?"
"이성 교제할 때 스킨십 어디까지 해봤어요?"

모두 개인의 성적 경험을 이야기하라고 자극하는 질문입니다.

다음으로 교사는 학생들이 이미 알고 있는 것보다 전문적인 내용으로 조금 더 깊이 있게 가르쳐야 합니다. 교사의 수업이 기대에 미치지 못했을 때, 즉 가려운 데 대신 엉뚱한 데를 긁었다면 가려웠던 데는 더 가렵게 느껴지거든요. 다른 교과와 마찬가지로 성교육도 조금 어렵게 가르치면 더 집중하고 더 잘 배웁니다. 배움의 공동체 수업모형에서는 '배움에 점프가 일어난다'고 표현하기도 합니다. 동기유발 단계에서는 주변에서 흔히 접할 수 있는 쉬운 내용으로 시작하지만, 수업의 정점에서는 어려운 과제를 주는 거죠. 중학생이라고 중학교 교과서만 고집하지 않고 때로는 대학 강의실에서나 나올 법한 그래프를 띄워 놓고 설명하기도 하고, 해부 생리학 전공 서적에서 따온 그림을 보여 주며 자세히 가르치기도 하면 아이들은 권위 있는 자료에 의한 수업으로 인식합니다. 예를 들면 심리학자 빅터 클라인의 음란물 중독 4단계, 팝콘 브레인(popcorn brain), 초두 효과 등을 언급합니다. 인터넷이나 게임 채팅방 형들이 알려주는 것보다 훨씬 더 깊이 있게 배울 수 있으니까요.

아이들에게 다음 시간 수업 주제는 음란물이라고 예고했을 때 난리가 났습니다. 수업 들어오는 선생님들한테 다음 보건 수업 시간에 우리는 야동 수업한다고 자랑도 했다는군요. 막상 음란물 주제 수업이 끝났을 때, 어떤 선생님이 슬쩍 물어봤답니다.

"야동 수업 잘 배웠니? 선생님한테도 좀 알려줘 봐."

그러자 아이들 표정이 심각해지면서 교실이 조용해지더랍니다.

"선생님 그게 간단하게 대답할 문제가 아닙니다. 그냥 보지 않으려고 노력하면 됩니다."

정적을 깬 한 학생의 말에 여기저기서 머리를 끄덕이며 맞다고 대답했다고 합니다. "도대체 어떻게 수업하신 거예요?" 제게 수업 비결을 묻는 선생님의 얼굴엔 웃음기가 빠졌습니다.

마지막으로 '섹드립'(음담패설, Sexual+ad lib)은 성희롱 발언이라는 것에 대한 배움이 빠졌습니다. 공용공간인 교실과 복도에 만연한 이 성희롱 성격의 발언들과 행동들에 대해 어떻게 가르칠까요? 그래서 계획한 수업이 '교실 미투'(#class me too)입니다.

'성희롱 성폭력 없는 평화로운 교실을 위해 내가 가장 바라는 것 두 가지'를 비주얼 씽킹으로 표현하기 수업으로 진행했을 때 학생들

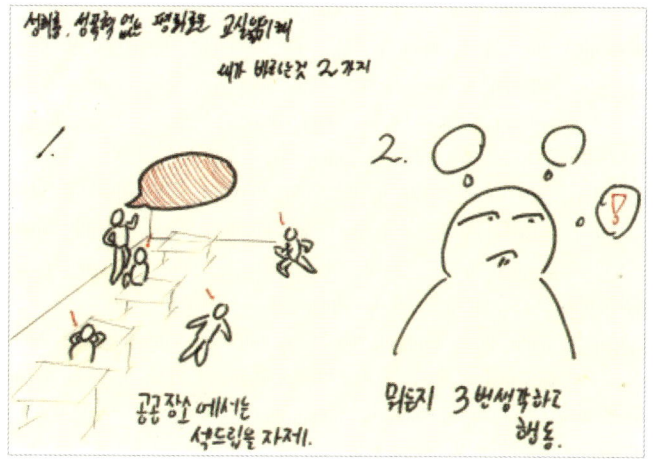

이 가장 많이 표현한 것이 바로 섹드립에 대한 것이었습니다. 학생 작품들을 해당 학년 복도에 일 년 동안 게시했습니다.

'공용공간인 교실, 복도, 화장실, 운동장에서 큰 소리로, 혹은 다른 사람이 있거나 말거나 개의치 않는 붉은 섹드립이 없다면 우리 교실은 성희롱 성폭력이 없는 평화로운 교실이 될 것이다.' 친구들에게 말하고 싶은 것이 아주 잘 표현된 멋진 작품입니다.

현실 속 인물들과 너무 비슷하게 잘 표현한 이 그림을 보면서는 모두 웃음이 '빵' 터지기도 했습니다.

"막 섹드립 하려는 내 입을 '안 돼!'라며 막아 줄 친구가 가까이 있을 때 고치지 않으면 내 옆에는 아무도 남지 않을지도 모릅니다. 친구가 기다려 주는 동안 달라져야 합니다."

　게시된 작품들을 보면서 아이들은 '친구들이 섹드립이 불쾌하다고 이렇게나 많이 적었구나!'라는 것을 느낄 수 있었고, 학교 성 문화도 조금씩 달라지기 시작했습니다.

 **15차시 성교육 연수를 듣고 나니 머리가 더 복잡해지고 더 어렵게 느껴집니다**

●

한 선생님이 크게 마음먹고 15시간 동안 오프라인 성교육 연수를 받았습니다. 연수를 받으면 자신이 훌쩍 성장해 있을 줄 알았는데, 오히려 연수를 받기 전보다 수업이 더 어렵게 느껴졌다고 합니다. 고민이 해결된 게 아니라 더 쌓이게 되었다고요. 좋은 강의를 듣고 많은 자료를 얻었는데 왜 이런 결과가 나온 걸까요?

연간 일정 연수 시간을 채우지 않으면 불이익이 발생하기도 하기에 의무감으로 연수를 받는 교사도 있지만, 수업에 바로 적용할 수 있는 자료를 구하기 위해, 성장하기 위해 연수에 참여하는 교사도 많습니다. 성교육 연수에 앞서 먼저 자신이 의미 있다고 생각하는 수업 주제와 수업 방향을 찾아야 합니다. 내가 어떤 수업을 하고 싶은지 구체적으로 고민하지 않고 막연한 기대만으로 연수를 들으면 집중도 안 될뿐더러 강의내용이 현실적으로 느껴지지 않습니다.

연수를 신청할 때는 다음 사항을 점검해야 합니다.

첫째, 내가 이 연수에서 기대하는 것은 무엇인가?
둘째, 나의 무슨 수업이 잘 안 풀리고 있는가?
셋째, 내가 이번 연수에서 꼭 얻어가고 싶은 한 가지는 무엇인가?

이렇게 방향을 정하고 나서 연수를 들으면 확실히 더 많은 것을 얻을 수 있습니다.

저도 무수히 많은 시행착오를 겪은 후에야 자신감이 생겼고, 요즘도 새로운 주제와 새로운 수업 방법을 찾아 연수와 책에 시간을 투자합니다. 꼭 내 것으로 만들고 싶은 연수를 만나면 시간과 돈을 아끼지 않고 먼 길을 오가며 반복해서 수강합니다.

이제 막 성교육을 시작하는 단계라면 처음부터 많은 내용을 계획하지 말고, 본인이 가장 중요하다고 판단해 먼저 해보고 싶은 수업부터 한 시간씩 하면서 차츰 주제를 넓혀 가는 것이 좋겠습니다. 교사가 오래 고민하고 많이 준비할수록 수업 만족도가 높아지는 것 아시죠?

Part 2

질문을 마주했을 때 당당하게 답하기

교사가 학생과
성에 대해 상담할 때
지켜야 할 가치

　학교에서 학생들이 성 관련 문제로 상담하러 왔던 상황을 되돌아보니 공통점 한 가지가 보였습니다. 평소 제 수업에 잘 참여하고 칭찬도 자주 들었던 학생들이 대부분이었습니다. 자신의 질문 내용을 비난하지 않고 잘 대답해 줄 것 같은 선생님을 찾아가기 때문이죠. 가장 자주 하는 질문은 음란물을 끊는 구체적인 방법에 관한 것이었습니다.

　야동을 끊고 싶다는 아이에게는 그렇게 생각하는 이유를 먼저 들어봅니다. 야동 보는 게 생활에 어떤 영향을 미친다고 생각하는지 또는 야동 때문에 자신이 어떻게 달라진 것 같은지 등에 대해 스스로 생각해보고 답변하도록 기다려줍니다. 학생의 대답을 듣고 나서는 다음과 같이 말하며 격려합니다.

　"선생님에게 도움을 요청해 줘서 고맙다. 너는 네가 소중하다는 것을 아는 멋진 아이구나. 용기를 내서 선생님께 와 준 네게 도움이 되고 싶다."

교사가 학생과 성에 대해 상담할 때 지켜야 할 중요한 가치는 제가 생각하기에 두 가지입니다.

질문이 무엇이든 용기 있게 상담을 요청해 온 것을 칭찬하고 격려하면서 누구도 죄책감을 느끼지 않게 하는 것이 첫 번째입니다.

두 번째는 학급 전체 학생 대상이 아닌 일대일 상담이므로 솔직해야 합니다. 교사가 먼저 솔직해야 합니다. 그렇다고 교사의 수준, 즉 '19금' 수준으로 솔직해야 한다는 말이 아니란 것 기억하시죠? 내담자의 수준에 맞춰야 하죠. 아이의 수준에 맞는 단어와 표현을 찾는 것이 처음엔 쉽진 않습니다만, 아이를 존중하며 대화하기를 반복하다 보면 성 상담에서도 자연스럽게 가능해집니다.

한번 가출하면 일주일씩 집에 들어오지 않는 중3 여학생이 있었습니다. 자발적으로 '오빠'들과 잠자리를 했고, 파트너도 자주 바뀌는 아이였죠. 잠깐 등교했을 때 담임교사가 무슨 말이라도 해주라며 제게 보냈습니다.

교사 : 그 오빠들이 했던 말 중에 가장 기분 좋았던 말은 뭐니?
학생 : '사랑해'요.
교사 : 언제 그 말을 했는데?
학생 : 섹스하고 싶을 때요.

교사 : 지금 생각해 보면 그때 그 말이 진심이었던 것 같니?

학생 : 아뇨…….

교사 : 성관계 후 네 기분은 어땠어? 사랑받는 기분이었어?

학생 : 아뇨…….

교사 : 너를 진심으로 귀하게 여기고 사랑하는 사람, 분명히 있어. 이젠 구별할 수 있게 되었지?

학생 : 네!

그리고 나서 피임 방법, 임신 테스트기 사용법, 인공 임신 중절, 미혼모, 입양, 성매개 감염병 등에 대해 맞춤 교육을 했던 기억이 납니다.

수업을 진행하다가 뜬금없이, 때로는 시의적절하게, 한 학생의 질문으로부터 갑자기 성에 대한 이야기가 시작될 수가 있습니다. 이때가 바로 '골든 타임'입니다. 이 절호의 기회를 놓치지 않고 아이들과 예민하게 연결돼 성 수업을 진행하면 아이들에게 제대로 배움이 일어나면서 교사를 더욱 신뢰하게 됩니다. 아이들은 내용보다는 성을 대하는 교사의 태도에서 강한 인상을 받고 훨씬 더 오래 기억하므로 알면 아는 대로 모르면 모르는 대로 품위 있게 성에 관해 대화를 나눌 수 있어야겠습니다.

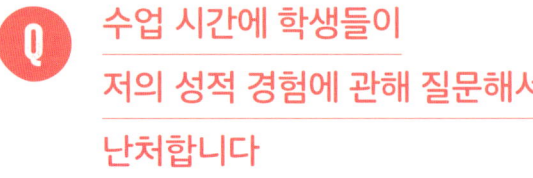
수업 시간에 학생들이 저의 성적 경험에 관해 질문해서 난처합니다

●

 한 학생이 난감한 얼굴로 말했습니다.
 "○○ 선생님이 수업 시간에 야동 본 적 있는 사람 손들어 보라고 했더니 애들 대부분이 손을 들었어요."
 교사의 발문이 가지는 힘은 큽니다. 야동 보는 자신이 싫어서 끊기 위해 죽을힘을 다하고 있는데, 반 아이들 대부분이 공개적으로 본다고 하니 힘이 빠지죠. 교사가 교실을 떠난 뒤에 아이들끼리 "너는 왜 손 안 들었냐?", "너도 보냐?", "네가 그럴 줄 몰랐다!" 하면서 서로 지적하고 비난하는 등 문제가 생길 수도 있습니다. 게다가 성교육 시간이 성 경험을 나누는 시간이 되어서는 곤란합니다. 이런 분위기면 "선생님은 야동 어디서 봐요?"라는 질문을 들을 수도 있습니다. 그 선생님 시간에는 성에 대해 어떤 이야기든 경계 없이 자유롭게 해도 된다고 생각할 수 있거든요.
 한 학교에서 교직원들을 대상으로 성인지 감수성에 관해 강의해

달라는 요청이 들어왔습니다. 선생님들의 성인지 감수성이 떨어진다는 학부모 민원 때문에 학교가 곤란한 상황이라고 해서 무거운 마음으로 그 학교에 갔습니다. 예방 교육은 즐거운 분위기 속에서 진행할 수 있는데, 민원 때문에 사후약방문으로 하는 교육은 분위기가 좋을 수가 없습니다. 게다가 당사자들은 몹시 불편해합니다.

그 학교 어떤 선생님이 수업 시간에 이렇게 말했다고 합니다.

"너희들, 야동은 다 보고 있지? 아닌 척해도 다 안다."

이 말을 들은 몇몇 학생이 불쾌감과 수치심을 느꼈고, 그 사실을 집에 가서 부모님께 말씀드린 거예요. 초등학생과 중학생은 음란물 보는 것을 친구에게 들키기 전에 끊고 싶어 하는 아이가 많습니다. 자신이 실수로 어쩌다가 야동을 접했는데, 그걸 기정사실화하는 선생님 말씀이 불쾌했을 수 있습니다. 과장해서 표현하면 커밍아웃과 아웃팅 당한 것의 차이라고 할 수 있죠.

2018년 여름 교육부에서 주관한 '전국 저경력 보건교사 성교육 역량 강화 연수'에서 강의를 마친 후 한 선생님이 이렇게 질문을 했습니다.

질문 교사: 수업 시간에 학생들이 자꾸 저의 성적 경험에 대해 질문하는데, 어떻게 대답해야 할지 부담스러워요.

강사: 혹시 선생님, 수업 시간에 아이들에게 자위나 성적 경험에 대해 질문하시나요?

질문 교사: 네.

강사: 선생님이 먼저 아이들의 성을 침범하셨기 때문에, 아이들이 선생님께는 그래도 된다고 생각하게 된 겁니다. 선생님께 배운 거예요.

아이들이 어디까지 알고 있는지 궁금해하지 맙시다. 정확하게 알 수도 없을뿐더러 안다고 한들 개인차가 커서 수업 내용에 모두 반영하기 어렵습니다. 아이들이 이미 알고 있는 건 잘못된 정보일 가능성이 크죠. 그렇지만 먼저 자리 잡은 그것은 강력한 판단 기준이 되기 때문에 바른 정보를 알려줄 때는 훨씬 과학적이고 권위 있는 정보로 알려줘야 새롭게 배운 올바른 정보를 신뢰합니다.

이를 '초두 효과'(primacy effect)라고 합니다. 대상에 대한 어떤 정보가 없을 때 처음 접한 정보와 이미지가 이후 강력한 판단 기준이 되는 거죠. 그래서 성에 대해 잘못된 정보를 접하기 전인 어릴 때부터 성교육을 시작해야 합니다.

**이성 교제 중인 학생에게
스킨십 등 다소 민감한 주제의 조언을 하려면
어떻게 다가가야 할까요?**

●

　이성 교제에는 다양한 형태가 있어서 섣불리 일반화할 수는 없지만, 파트너가 자주 바뀌는 학생이나 교제 기간이 긴 학생들은 눈여겨보다가 말을 걸고 적절한 조언을 건네줄 필요가 있습니다. 사귀는 기간이 길면 길수록 스킨십 문제가 있을 가능성도 커지기 때문에 바라보는 마음에 걱정이 더해지게 마련입니다.

　하지만 걱정만 하기보다는 대화할 '포인트'가 있을 때 이를 놓치지 않고 바로 대화를 시작하는 게 좋습니다. 요즘은 온 가족이 함께 거실에서 텔레비전을 보는 풍경이 사라지고 있죠. 아이들은 자기 방에서 주로 스마트폰으로 각종 영상을 시청하니까요. 교사와 학생에게 동시에 인기 있는 프로그램을 찾기도 어려워지고 있습니다. 어쩌겠습니까? 아이들과 소통에 목마른 사람은 어른들이니까 먼저 물어보는 수밖에 없습니다.

　"요즘 너희한테 인기 있는 프로그램은 뭐니?"

"무엇 때문에 그 프로그램을 좋아하는 거니?"
"친구들 사이에서 요즘 인기 있는 웹툰이 뭐니?"
"요즘은 무슨 게임이 인기야?"
"그 아이 어떤 점이 마음에 드니?"

가능하다면 이런 생활 이야기로 시작하되, 아이의 개인적인 내용이 아닌 주변 친구들에 관한 이야기로 질문하는 게 아이에게 부담을 주지 않아 대화를 이어 나가기 좋습니다. 대화의 물꼬가 트이고 자주 눈인사를 나누게 되면 수업 시간에 이유 있는 칭찬도 해주며 어떻게든 친해지려고 노력해야겠죠. 이후에 남자친구의 장점이나 주말 계획 등을 물어보면서 고민이 있으면 언제든 찾아오라고 슬쩍 선생님 마음을 전달해주세요.

교사는 습관적으로 학생들의 안색을 살피기에 평소 고민이 무엇인지 보고 있다가 그에 관한 도움을 주면서 관계를 긍정적으로 시작하는 것이 자연스럽습니다. 소통을 거부하는 표정이 역력한 학생이어도 타이밍을 잘 맞추면 아이의 기분을 상하게 하지 않으면서 훅 대화로 들어갈 수 있습니다.

여자 중학생 중에는 질 분비물(냉) 때문에 고민하는 학생이 많습니다. 냉이 많을 경우 질병 수준인지 정상인지 모르고 불안해하죠. 인터넷에 떠도는 광고만 보고 질 세정제를 사용하면 질염이 더 악화되기도 해 고민이 더 커집니다. 성 경험이 있는 여성이라면 성병성 질염일 가능성도 있습니다. 냉이 좀 많은 것과 질염 그리고 성병성 질염이 어떻게 다른지 잘 설명해주는 믿을 만한 책도 있고 인터넷 사이트도 있습니다만, 아이들은 구별하지 못합니다.

평소 학교생활에 불만이 많고, 수업에는 관심이 없으며, 소통이 원활하지 않은 어떤 여학생에게 질염에 대해 잘 설명하고 있는 성교육 책을 툭 내밀며 말했습니다.

"한번 읽어볼래? 이 책이 너한테 도움이 될지도 모르잖아."

나중에 책을 돌려받을 때 어느 부분이 도움이 되었는지 물어보니 질염에 대해 자세히 알게 돼서 좋았다고 답하더군요. 그 여학생은 한동안 제게 친근한 눈빛을 보내주었습니다.

반 아이 중에 사귄 지 오래된 남자친구가 있어 걱정스러운 경우, 상대 남학생이 같은 학교 학생이라면 저는 주로 남학생에게 질문합니다. 예전엔 힘센 남학생이 여학생에게도 인기 있었지만, 요즘은 친절하고 말을 잘 들어주는 남학생이 인기입니다. 여자친구가 생기면 사람이 바뀐 것처럼 달라져서 보는 이로 하여금 미소 짓게도 합니다. 남자친구가 생리 기간 중인 여자친구를 위해 온찜질 팩을 빌려 갔다가 나중에 반납하러 보건실을 방문하는 풍경도 흔합니다. 그렇게 만났을 때, 슬쩍 말을 건넵니다.

"너희, 예쁘게 만나고 있니?"

"너는 네 여자친구에게 나중에 어떤 사람으로 기억되고 싶어?"

"사귀면서 더 행복해졌니?"

"궁금한 거 있으면 언제든 찾아오렴."

아이들에게 믿을 만한 어른이 가까이에 있다는 사실을 알려만 줘도 좋습니다.

부모 대상 성교육에서 부모님들이 가장 듣고 싶어 하는 주제가 '자녀의 이성 교제'입니다. 어떻게 반응해야 하고, 어떻게 경계를 세워줘야 하는지를 궁금해하면서 집중하여 참여하시더군요. 제가 강조하는 것은 무조건 반대하지는 말라는 것입니다. 반대하면 어둠으로 들어가 비밀스럽게 사귀는 경우가 많습니다. 그럴 때 문제가 생길 가능성은 더 커집니다. 나중에 고민이 있을 때, 문제가 생겼을 때, 부모님에게 적시에 도움을 요청하지 못할 수도 있습니다. 이성 교제 중인 학생의 부모와 상담할 기회가 있을 때, 교사는 부모에게 사실대로 알려주고, 환한 햇살 속 광장에서도 당당하게 제대로 잘 교제하게 도와주는 것이 오히려 좋은 방법일 수 있다고 말씀해주시면 어떨까요?

한 담임교사가 제게 조심스레 물었습니다.

"우리 반 학생이 생리를 안 해서 임신일까 봐 걱정하고 있는데, 만나주실 수 있나요?"

"물론이죠. 학생이 원한다면 보내주세요."

그 여학생이 찾아왔습니다. 수업 시간에도 다루었지만, 임신 테스트기 사용법을 다시 한번 자세히 일러주었습니다. 사용 시기(성관계 후 14일 전후), 사용 시간(아침 첫 소변), 사용 원리(임신 지속 호르몬 HCG 확인), 가격과 구입처 등을 말이죠. 그리고 지금 기분이 어떤지를 물은 다음 이렇게 당부했습니다.

"선생님 생각에는 단순히 생리가 늦어지는 경우일 가능성이 가장 크지만, 이후 생리를 시작하더라도 지금 네가 임신 가능성 때문에 얼마나 힘든 시간을 보냈는지 잊지 않았으면 좋겠어. 다시는 이런 고통의 시간을 보내지 않아야 하니까 말이야."

얼마 뒤 생리가 다시 시작되자 기쁨을 나누기 위해 그 여학생이 저에게 달려왔을 때, 책 한 권을 빌려주고 읽어보게 했습니다. 한겨레문학상 수상 작가 최진영의 소설『이제야 언니에게』입니다. 그루밍 성범죄 피해를 당한 여고생의 관점에서 서술한 작품입니다. 성적 경험에 대해 깊이 생각해 보는 시간이 되길 기대하면서요.

『이제야 언니에게』(최진영 지음, 창비, 2019)

어린 나이에 성관계를 경험한 아이에게
어떤 말을 해야 좋을지
조심스러워요

●

우리 사회는 10대를 약자라고 칭하면서도 한편으로 10대에게 성관계를 부추기고 있습니다. 2019년 4월 헌법재판소의 낙태죄 합헌 여부 결정을 즈음하여 찬반 양측의 의견이 뜨겁게 오갈 때, 한 시위 현장에 등장한 피켓에는 '10대에게도 낙태할 권리가 있다', '10대에게도 섹스할 권리가 있다'가 있었습니다. 이는 언론에 그대로 노출되어 눈길을 끌었습니다.

최근 여성주의 저널을 지향한다는 한 인터넷 신문이 올린 기사를 보며 실소를 금치 못했습니다.

"2019년에 조사한 결과로 10세에서 19세 청소년 1,348명 중 절반 이상인 54.7퍼센트가 '섹스를 해본 적이 있다.'라고 했다. 절반 이상의 경험이라면 '섹스하는 청소년'들의 이야기는 지금보다 훨씬 더 가시화될 필요가 있다."(2020년 2월 1일)

근거로 삼은 자료를 찾아보니 출처가 국내 콘돔회사였습니다. 해당 콘돔회사 홈페이지에 게시된 보고서에서 전체 응답자의 연령을 확인할 수 있습니다. 10-13세(1.4%), 14-16세(16.6%), 17-19세(82%)로 대부분의 응답자는 고교생이었고 초등 응답자는 1.4%인데도, '초3 부터 고3까지 청소년 54.7%가 성경험이 있다'는 기사로 작성했습니다. 이 기사의 속내는 이어지는 다음 문장에서 확인할 수 있습니다. "절반 이상의 경험이라면 섹스하는 청소년들의 이야기는 지금보다 훨씬 더 가시화될 필요가 있다" 즉, 해당 인터넷 신문과 콘돔 판매회사가 공통적으로 추구하는 가치는 쾌락주의로, 이들은 '초중고생도 사귀면 다 성관계한다'라는 문화를 만들고 싶어하는 것처럼 추측하게 합니다.

아래 표는 질병관리청에서 전국 400개교 중고생 6만 7천 명을 대상으로 익명 조사한 보고서에서의 성관계 경험률입니다.

비율(%)

급별\연도	2008	2014	2017	2018	2019	2020	2021
중학교	2.2	3.3	2.8	2.6	2.9	1.8	2.3
고등학교	8.2	7.2	7.1	8.5	8.6	7.3	8.5
전체	5.1	5.3	5.2	5.7	5.9	4.6	5.4

질병관리청 2022 청소년 건강행태조사 보고서

전국의 중·고등학생(14~18세) 6만 7,000명을 대상으로 익명 조사한 보고서 내용과 콘돔회사에서 특정 목적을 위해 1,348명을 대상으로 만든 보고서는 크게 다를 수밖에 없습니다. 아이들에게 '사실'을 알려주면서 "초중고생도 사귀면 다 성관계를 한다는 거짓말"에 대해서 스스로 알아차리게 해야 합니다. 학교에서 체감하기로는 제가 교직을 처음 시작하던 20년 전보다 2020년에 성 경험을 한 중학생이 더 늘었다고 단정하기는 어렵습니다. 확실한 차이라면, 지금은 그때와는 다르게 드러내놓고 학교와 의논하고 도움을 요청하는 분위기가 만들어졌다는 점입니다. 20년 전처럼 성 경험 학생이 전학을 가는 경우보다 지금 다니고 있는 학교, 친구들이 있는 학교에서 학업을 잘 마치고 상급 학교로 진학할 수 있게 돕도록 지도 방향이 바뀌었습니다. 그러면 어떻게 도와줄 수 있을까요?

먼저 내 학생이 피해자일 경우입니다.
성관계를 경험한 학생이 피해자라면 남녀를 불문하고 피해자로서 존중받을 수 있게 도와줘야 합니다. 2차 가해를 당하지 않도록 보호해야 한다는 뜻입니다. 그동안 학교생활을 어떻게 한 학생인지와 상관없이 이번 건에서는 온전한 피해자로 존중합니다. 그리고 행정적인 처리가 끝난 후에는 일어났던 사건에 대해 먼저 질문을 하거나 언급하는 것을 피합니다. 사람들이 자신을 볼 때마다 그 사건부터 떠올린다는 느낌이 들면 계속 학교에 다니기가 어려워질 수밖에 없겠죠. 교사가 아무리 힘들어도 옆자리 동료 교사와 의논하거나 학생의 비밀을 누설해서는 안 됩니다. 관련 변호사에게 확인해 보니 학교 관리자(교장·교감)가 학생 이름을 알려달라고 할지라도 학생과 보호자(부모 등)가 동의하지 않는다면 학생 이름을 알려줘서도 안 됩니다. 업무상 비밀 유지 의무 위반입니다. 담임교사는 고독하고 힘든 시간을 보낼 수밖에 없습니다. 그렇지만 피해 학생 가까이에 믿을 만한 어른이 많으면 많을수록 평범했던 일상으로 돌아오는 데 도움이 되기 때문에 교사도 그 역할을 할 수 있으면 좋겠습니다.

앞에서 언급한 책 『이제야 언니에게』에는 이모라고 부르는 엄마의 오랜 지인과 그루밍 성범죄 피해자인 여고생이 나누는 대화 장면 나옵니다. '이모'는 여고생 '제야'를 인격적으로 존중하고 배려합니다. 자신이 겪은 일 때문에 잘해주냐고 묻는 제야에게 이모는 '걱정하고 아끼는' 것이라고 답합니다. 굳이 노력하지 않았으면 좋겠다는 제야의 말에도 사람은 소중한 존재에 대해 특히 더 노력해야 한다고 단호하게 알려줍니다. 그리고 제야가 평범한 생활인으로 살아갈 수 있게끔 믿고 의지할 수 있는 어른으로 가까이에 있어 줍니다. 가장 든든한 존재였겠죠. 교사 모임에서 이 책을 같이 읽었을 때, 우리는 '이모' 역할을 하고 싶어 하는 사람들의 모임이란 것을 서로 눈치챘습니다. 저도 생애 가장 고통스러운 시간을 보내고 있는 학생에게 믿고 의지할 만한 어른 '이모'가 되어주고 싶습니다.

학생이 먼저 자신이 겪은 사건에 대해 말을 꺼낸다면 이렇게 말씀해주세요.

"그건 네 잘못이 아니야. 전적으로 그 사람 잘못이야."

"혹시 주변에서 너를 힘들게 하는 상황이 있니?"

그 사건은 분명히 잘못된 성적 접근이었음을 반복적으로 알려주어야 합니다. 아울러 2차 피해가 일어나고 있는지도 세심하게 살펴봐 주십시오.

내 학생이 가해자일 경우는 어떻게 해야 할까요?

피해자의 고통에 깊이 공감하게 하는 것이 가해자를 위한 가장 중요한 교육입니다. 상대방도 나와 같은 성적·인격적 존재라는 사실을 예민하게 인지해야 하고, 말과 행동 이전에 먼저 상대방이 어떻게 받아들일지를 충분히 생각해 본 뒤에 말하고 행동해야 한다고 분명하게 가르쳐야 합니다. 자신의 잘못된 행동을 제대로 반성하는지 지켜봐 주세요. 이후에도 언어적 성희롱 등이 관찰된다면 지속적이고 체계적인 성교육과 상담이 필수적입니다. 전학 조치를 처벌받는 걸로 생각하면서 이 정도면 되었다고 잘못 생각하는 부모가 있다면 제대로 조언해주어야 합니다.

동화작가 이현이 쓴 『영두의 우연한 현실』이라는 책이 있습니다. 여섯 개의 단편을 모은 청소년 소설입니다. 이 중에서 「빨간 신호등」은 음란물이 현실과 같다고 믿고 있던 한 고등학생이 좋아하는 여자친구를 성폭행한 가해자가 되는 이야기로, 심리묘사가 빼어난 작품입니다. 가해 학생에게 『이제야 언니에게』와 이 책을 읽고 소감문을 제출하도록 해보세요. 부모님에게는 『그러니까, 존중 성교육』을 읽고 가정에서 자녀를 어떻게 존중하면서 성에 관한 대화를 나눠야 하는지 배움의 시간을 갖게 해주세요. 가해 학생에게도 같은 책을 읽도록 했더니 자신의 성이 얼마나 소중한지를 깨닫게 되었다고 말하더군요. 피해자의 고통에 깊이 공감하고 자신의 실수를 책임지게 하면서 동시에 자신과 타인의 성을 존중할 수 있는 배움의 시간을 갖게 하는 것이 가해자가 된 학생에게 필요한 교육입니다.

학교에서는 성관계가 아닌 성적 경험(성희롱, 성추행)을 한 학생과 대화할 기회가 더 많습니다.

주말 오후에 엄마와 다투고 지하철역 주변에서 시간을 보내던 중학교 2학년 남학생이 옷차림이 깔끔하고 대학생처럼 보이는 형으로부터 역 근처 공원 벤치에서 성추행을 당한 후 찾아왔습니다.

『영두의 우연한 현실』(이현 지음, 사계절, 2009)

"선생님, 그 형이 저를 만지면서 자위를 했어요. 너무 충격이었어요. 자꾸 눈물이 나요."

이럴 때, 그 상황이 잘못된 성적 접근이었디는 것을 피해 학생이 확실하게 깨닫게 해줘야 합니다. 그렇지 않으면 충격적인 성적 경험이 강한 자극으로 남아 나중에 이 자극을 추구하게 될 수도 있기 때문입니다.

학생이 보는 앞에서 경찰서에 전화를 걸어 상황을 설명하고 다음과 같이 매듭을 지었습니다.

"분명 그 사람은 같은 범행을 다시 시도할 것이니, 역 주변 순찰을 강화해주시고, 붙잡게 되면 이번 우리 학생 사례도 함께 적용해서 강력하게 처벌해주세요!"

성추행이나 성희롱을 한 가해자가 아는 사람일 경우에는 양측 부모들이 동석한 자리에서 가해자로부터 제대로 사과를 받을 수 있게 합니다. 그렇게 사건에 마침표를 찍어주면서 잘못된 성적 접근이었다는 것을 확실하게 해주어야 그 사건이 앞으로 아이의 성 정체성에 미치는 영향을 최소화할 수 있습니다.

**10대에게 왜
성관계를 하지 못하게 하나요?**

●

2019년 10월, 3주에 걸쳐 목요일 저녁에 2시간씩, 6시간 시리즈로 부모 대상 성교육을 진행했습니다. 인근 중학교 두 곳과 초등학교 두 곳의 부모님이 대상이었어요. 우리 학교 교감 선생님의 큰 그림이었습니다.

"우리 지역사회 어른들이 함께 아이들이 바른 성 문화를 만들어 가도록 도와줍시다."

참석 인원을 제한하여 학생 수업처럼 참여형 연수로 진행했는데, 둘째 날부터는 아이 친구 부모도 모셔오는 등 분위기가 꽤 좋았습니다. 퇴근 후 헐레벌떡 뒤늦게 합류한 한 아버지가 다음과 같은 질문을 해왔습니다.

"10대에게 왜 성관계를 하지 못하게 하나요?"

의외의 질문이었습니다. 언젠가 학생이 질문할지도 모른다고 생각했는데……. 질문을 하신 분에게 다음과 같이 되물었습니다.

100퍼센트 완벽한 피임 방법이 있다고 생각하나요? 자녀가 부모가 될 준비가 되기 전에 임신해도 괜찮다고 생각하세요? 19세만이 아니라 10세, 12세도 모두 10대입니다. 12세에게 섹스할 권리를 인정하는 게 옳을까요? 그리고 낙태할 권리도 있구요? 아이들이 성병에 걸렸을 때 부모님께 바로 도움을 요청할 수 있을까요? 또는 제때에 산부인과나 비뇨기과 진료를 받게 될까요?

여성 자궁(포궁)의 성숙은 20세를 전후해 완성됩니다. 10대 때 성관계를 하면 부드러운 자궁경부가 아기를 열 달간 품을 수 있는 딱딱한 세포로 급격하게 변하면서 자궁경부암 발생 가능성이 커집니다.

형법상 만 16세 미만은 의제 강간 연령입니다. 성관계에 동의했다고 해도 동의로 인정하지 않고 강간죄로 형사처분 대상입니다. 10대는 미성숙하여 성관계의 의미와 결과에 대해 예측할 수도, 판단할 수도 없기 때문이죠. 'n번방 사건'으로 만 13세 미만이었던 의제 강간 연령이 다른 국가 수준으로 개정되었습니다. 성적 자기 결정권을 악용하는 피의자가 많기 때문이죠. 개인적으로 저는 만 18세까지는 법의 테두리 안에서 보호해야 한다고 생각합니다만.

저는 수업에서 성관계를 '하라, 하지 말라'라고 단정적으로 말하진 않습니다. 우리나라 현행법에 대해서 자세히 알려주고, 지금 나이에 성관계를 했을 경우와 하지 않았을 경우로 나누어 어떤 삶이 기다리고 있는지 다른 사람들의 삶을 다큐멘터리 영상으로 보여 주면서, 나에게도 일어날 수 있는 일이라는 것을 생각해 볼 시간을 준 뒤, 선택은 스스로 하는 것이라고 알려줍니다.

  이제껏 부모님들을 대신해서 성교육하고 있다고 생각해 왔는데, 정말이지 뜻밖의 질문이었습니다. 비록 아들만 키우는 아버지였어도 말입니다.

Q 사이버 성희롱을 당한 피해 학생의 부모님이 가정에서 어떻게 성교육하면 좋을지 알려 달려고 합니다

●

최근에 교직원 직무연수 강의를 갔다가 만났던 한 초등학교의 생활인권부장에게서 연락이 왔습니다.

"도움 청할 곳이 없어요, 선생님……."

친구와 이른바 '쪽팔려 게임'을 하고 있던 초등학교 5학년 남자아이가 같은 반 여학생에게 메시지를 보냈다고 합니다.

"너 ㅅㅅ 알아?"

"아니, 몰라."

"지금 쪽팔려 게임 중인데, 섹스야. 네가 안다고 했으면 나는 '하자'라고 말했을 거야."

피해자인 여자아이 부모님이 학교폭력으로 신고까진 하지 않겠지만, 이럴 때 자녀교육을 어떻게 해야 할지 상담받을 수 있게 해달라고 학교 측에 요청해왔다는 것입니다.

마침 개학 전이어서 시간이 있을 때라 우리 학교로 오시라고 했습

니다. 약속된 시간이 가까워지자 아버님도 같이 오고 싶다고 연락을 주셨습니다. 저로서는 더 반가웠어요. 부모님이 같은 방향으로 자녀 교육을 하면 훨씬 효과적이거든요. 예상대로 두 분은 정말 열심히 듣고 질문하시며 오래 머무르셨어요. 제가 했던 상담을 일부 공유합니다.

먼저 피해 학생의 나이를 고려합니다. 성에 대한 부분은 나이가 가장 큰 변수이고, 그다음이 그 가정의 분위기입니다. 평소 어떻게 대화가 이루어져 왔는지, 이 상황을 처음 접했을 당시 부모님이 어떻게 반응했는지, 그랬을 때 아이는 어떻게 반응했는지 등을 구체적으로 먼저 잘 듣습니다. 대개 이렇게 듣다 보면 어떻게 방향을 잡아드려야 할지 감이 옵니다.

이번 사례에서는 가정에서 성과 성관계에 대해 자녀와 어떻게 대화하는 게 좋을지 자료(PPT)를 준비해 구체적으로 알려드렸습니다. 모범적으로 잘 대처한 블로그의 에피소드 글을 캡처해 보여드리고, 부모로서 자녀에게 성관계에 관해 설명할 때 참고할 만한 책, 타이밍, 장소 등을 구체적으로 안내해 드렸습니다. 그리고 한 번의 대화에서 그치지 않고 이를 시작으로 꾸준히 아이의 바른 성 가치관 형성을 위해 부모가 가정에서 할 수 있는 것들에 대해 자세하게 설명했습니다. 제가 중요하게 생각하고 있는 성인지 감수성, 양성 평등적 시각, 아이의 행복을 진정으로 바라는 부모 입장에서 대화하는 방법에 대해서도 알려드렸습니다. 스마트폰에 대해서는 이런 식으로 이야기할 것을 권해드렸습니다.

"너를 존중하지만, 사랑하고 보호해야 할 부모이기 때문에 필요하다고 생각되면 너의 휴대전화나 이메일을 볼 거야."

문제가 생기기 전, 아이에게 스마트폰을 사주는 초기에 이렇게 협의하는 게 좋은데, 이 사건을 기회로 보고 한 가지씩 기본을 바로 세워가면 된다고, 미리 제대로 교육하지 못했다고 자책하는 부모님을 지지해주었습니다.

끝으로 상대방 아이(가해 입장)를 어떻게 지도할 계획인지, 학급에서는 이 사건을 어떻게 대처하고 정리할 계획인지 학교에 질문하라고 했습니다.

간절할 때 저를 찾아 주신 학교를 위해 재능 기부로 하는 상담이었지만, 최선을 다했습니다. 그리고 그 가정에 도움이 될 것 같아 진심으로 기뻤습니다. 앞으로도 어려움을 겪는 학교와 가정을 위해 꾸준히 이런 일을 하고 싶다는 소망을 품었습니다.

존중 포인트
'나는 어떻게 태어났어요?'라고 질문해 올 때

가정에서 자녀에게 성관계에 관해 처음 알려줄 때 함께 읽기에 좋은 책으로 『나도 엄마 배 속에 있었어요?』를 추천합니다. 주인공인 아이에게 초점을 맞추고 출산보다는 탄생에 집중하여 엄마와 아빠의 사랑으로 태어난 존재임을 잘 전달해주는, 교육적으로 훌륭한 책입니다.

"나는 어떻게 태어났어요?" "그러니까, 아빠 아기씨가 어떻게 엄마 몸으로 들어갔냐고요."라고 아이가 물어온다면, 특별한 날을 정해 아이가 좋아하는 곳에서 아이가 좋아하는 메뉴로 즐겁게 식사하고 나서 책을 처음부터 한 페이지씩 번갈아 읽고 이야기를 나눠 보세요. 그리고 책 읽는 사이사이 부모가 얼마나 사랑하는지 말해 주세요. 사랑과 존중이 가득한 분위기 속에 부모와 마주 앉아 바른 성에 관해 대화한 이날을 아이는 평생 기억할 거예요.

보통 초 2, 3학년 때 많이 하는 질문이긴 하지만, 만약에 아이가 초등 고학년이 되도록 탄생에 관해 물어보지 않는다면 먼저 말을 걸어 주세요. '네가 어떻게 태어났는지 궁금한 적 있었니?' '네가 어떻게 태어났는지 제대로 알려주고 싶은데 들어볼래?'라고 슬쩍 물어보면서 주제에 대해 미리 알려준 다음, 날을 정해서 그림책을 매개로 교육해 주는 것이 좋습니다. 예고하지 않고 불쑥 말을 꺼내면 아이는 기습공격을 받았다고 생각할 수 있고 갑자기 방으로 들어가 버릴 수도 있습니다. 그럴 땐 당황한 아이의 놀란 마음을 따뜻하게 공감해 주시고 기분이 가라앉으면 다시 이야기 나누자고 다독여 주세요.

『나도 엄마 배 속에 있었어요?』
(다그마 가이슬러 지음, 김시형 옮김, 풀빛, 2012)

Q 자신이 남자인지 여자인지 헷갈린다는 학생에게 어떻게 말해야 할까요?

●

한 선생님이 학생과 면담하던 중에 이런 말을 들었다고 합니다.

"선생님, 저는 제가 남자인지 여자인지가 헷갈려요."

아이들 사이에 난 소문을 듣고 선생님이 먼저 학생에게 상담하자고 말을 거는 것은 추천하지 않습니다. 그 학생은 이미 자신이 평범한 삶을 살지 못할 거라는 생각에 스트레스를 많이 받고 있을 겁니다. 그리고 자신이 비정상이라 선생님이 걱정돼서 상담을 요청했다고 생각할 수도 있습니다. 청소년기는 성 정체성이 형성되는 중요한 시기이기 때문에 그런 영향을 주지 않도록 주의해야 합니다.

만약 학생이 직접 선생님을 찾아와 상담을 요청한 경우라면 앞에서도 말했지만, 학생이 죄책감이나 수치심을 느끼지 않도록 세심하게 연결되어 있으면서 대화를 진행해야 합니다.

"왜 남자인지 여자인지 헷갈린다고 생각하게 되었니?"

"남자와 여자의 차이점이 무엇이라고 생각하니?"

성별 고정관념 때문에 혹은 성별이 대립하는 사회 분위기에 일시적으로 그렇게 느낄 수도 있기에 시간을 두고 천천히 생각해 보자고 다독이며 차분히 대화를 나눕니다. 성 정체성이 확립되는 시기는 주로 청소년기 후반에서 20대 초반이기 때문에 너무 빨리 결정하지 말고, 자기 자신에게 기회를 줘 보라고 지지해주는 게 바람직합니다.

남학생의 경우, 친구의 벗은 몸을 본 순간 발기가 되는 경험을 했을 때 자기 몸의 반응에 매우 놀라고 당황하면서 스스로 동성애자라고 여길 수도 있습니다. 그런 고백을 해올 때 따뜻한 공감이 혼란을 잠재울 수 있습니다. 동성에게 더 시선이 머물렀던 순간들에 대해 같이 공감해 줄 수 있으면 좋겠습니다.

"말이 씨가 된다."

이런 옛말이 있습니다. 사람은 객관적 상황에 반응하는 것이 아니라, 자신이 해석한 상황에 반응하기 마련입니다. 거듭된 말이 의식을 규정해 믿음이 되어 감에 따라 행동이 수반됨으로써 현실이 말 그대로 이루어지는 겁니다. 이런 현상을 미국의 사회학자 로버트 머튼은 '자기충족적 예언(자성 예언, self-fulfilling prophecy)'이라고 명명했습니다.

도움이 될 것 같아 짧은 영상 한 편을 첨부합니다.

성 정체성에 관해 고민하는 자녀를 둔 부모를 위한 조언
https://www.youtube.com/watch?v=XoaazdYO-aA

Q 동성애자라고 놀림받는 아이가 있어요

●

"너, 게이냐?"

교실이나 복도에서 가끔 남자아이들끼리 비속어처럼 이런 말을 던지는 것을 듣게 됩니다. 저는 성교육 담당 교사라 그냥 지나치지 못하고 말한 학생을 불러 그때그때 교육합니다만, 피해 학생에게는 먼저 뭐라고 말을 걸기가 어렵습니다.

학교에 이런 혐오 표현, 언어적 성희롱이 만연할 경우 혐오 표현, 비속어, 동성애에 대해 각각의 주제로 수업을 진행하면 학교 문화 개선에 뚜렷한 효과가 있습니다. 더불어 같은 학생을 대상으로 반복적으로 지칭할 경우에는 공식적으로 접근하여 피해 학생에게 2차 피해가 일어나지 않도록 해야 하며, 이후에도 지속적인 관찰과 도움이 필요합니다.

등하교 때마다 매일 보건실 문을 열고 인사하는 중학교 2학년 남학생이 있었습니다. 어느 날 그 학생이 슬쩍 던지듯이 말했습니다.

학생: 애들이 게이라고 놀려요.

교사: (무심한 듯) 왜?

학생: 제가 축구도 안 하고, 여자애들하고 친하게 지낸다고요.

교사: 선생님이 보기에는 네가 친구들 이야기를 잘 들어주는 것 같아 보기 좋아 보였는데?

학생: 그러셨어요?

교사: 지금 너희들 사이에서는 운동 잘하고 목소리 크고 주먹 센 학생이 남자답다고 여겨지고 인기도 있겠지만, 사실 남편감으로는 인기 없어. 선생님도 운동은 관심 없지만 다정하고 대화 잘되고 글 잘 쓰는 사람하고 결혼했는걸?

학생: 정말요?

교사: 그럼, 사람에겐 다 저마다의 색깔이 있어. 열 명이 있으면 열 명이 다 색깔이 달라. 색이 다르다고 해서 틀린 게 아니야. 너만의 색을 소중히 여겨야지. 다른 색을 내려고 따라 할 필요는 없어. 너는 그림을 잘 그리잖아. 예술가는 섬세한 사람이지. 훌륭한 화가나 디자이너 중에 남자가 얼마나 많은데? 다른 사람의 시선으로 너를 보지 않았으면 좋겠어. 너만의 것을 소중히 여기렴.

이때도 자기충족적 예언에 관해 설명해주면 좋겠죠? 활짝 웃던 그 아이의 표정이 지금도 눈에 선합니다.

자신이 양성애자라고 말하는 여고생과 어떻게 상담하는 게 좋을까요?

●

인터넷 카페나 커뮤니티에서 동성애자 혹은 양성애자가 쓴 글을 보고 이런 생각을 하는 아이들이 있습니다.

'어? 나도 여자랑 있을 때 설레는 경우가 있는데……, 나도 혹시 양성 성애자인가?'

'나도 남자랑 있을 때 불편한데, 그럼 나는 레즈비언인가?'

우연히 한 번 떠오른 이 생각에 자꾸 집착해 그 생각 속으로 계속 파고드는 아이들이 있습니다. 선생님을 찾아 먼저 상담해 오는 경우는 다행이지만, 본인도 아직 양성 성애자인지 확신하지 않은 상황에서 커밍아웃하는 아이들이 있습니다. 위험한 행동이죠.

청소년 시기에는 자신의 성 정체성에 대한 고민이 시작되고, 때때로 동성에 대한 호기심이 자연스럽게 생기기도 하는데, 그것을 '사랑'이라고 느껴 '내가 동성애자구나'라는 생각을 할 수도 있습니다. 이 중에는 정말로 동성을 좋아하고 사랑하는 친구가 있을 수 있으나, 청소년기에 호기심으로 동성에 관한 관심이 일시적으로 높아지는 친구가 있기도 합니다. 후자의 경우 성인이 되면서 자연스럽게 고민이 정리됩니다.

자신의 성적 취향과 커밍아웃에 대한 상담은 앞으로 계속 증가할 가능성이 큽니다. 만약 학생이 커밍아웃 여부에 대해 고민 상담을 해오면 신중할 필요가 있다고 조언해주세요.

커밍아웃 후에는 친구들과의 관계에 어려움이 있을 수 있습니다. 친구 입장에서는 처음 겪는 일이고, 커밍아웃한 친구를 어떻게 대해야 할지 잘 몰라 불편해지면서 서로에게 상처가 될 수 있습니다.

성애자란 성적인 관계를 맺고 싶은 사람이란 뜻이에요. 동성에게 성적 매력을 느껴 성적인 관계가 되고 싶은 사람이 동성 성애자죠. 단순히 동성을 좋아한다거나 이성을 싫어하는 사람이 동성 성애자인 것은 아님을 분명히 할 필요가 있습니다.

성인이 되어 성 정체성이 결정되고 보니 양성애자가 아니라 이성애자인 경우도 많습니다. 커밍아웃 후에는 주워 담기 어려우므로 무엇보다 청소년기에 스스로 성 정체성에 확신이 들지 않을 때 타인에게 커밍아웃하는 것은 조심해야 합니다. 자기 자신에게 기회를 주고, 이성 친구도 사귀어 보면서 시간을 갖고 천천히 생각한 뒤 결정해도 된다고 지지해주세요.

Q 초등학교 1학년 아이가 수업 시간에 수시로 성기 부분을 문질러요. 지도해도 잘되지 않는데, 어떻게 해야 할까요?

●

흔히 볼 수 있는 아이들의 습관적 행동에는 손가락 빨기, 손톱 물어뜯기, 성기 만지기, 헛기침, 킁킁대기 등이 있습니다. 3~7세 사이의 아이라면 이런 행동이 정상적인 발달 과정 안에 있는 자연스러운 행동이라고 할 수 있습니다.

하지만 이 나이가 지났는데도 이런 행동을 한다면 아이의 신체적·정서적 상태에 대한 또 다른 암시적 신호일 수 있습니다. 때가 되면 나아지겠지 하고 무심코 지나치지 말고, 어떠한 양상으로 이런 행동이 이어지는지 세심한 관찰이 필요합니다.

이 같은 습관적 행동은 우연한 학습의 기회에 의해 경험되는데, 그렇게 형성된 습관이 개인에게 해를 끼치는 행동 유형일 경우에 습관장애라고 합니다.

습관적 행동 뒤에는 부모에게 표현하지 못한 아이의 부정적인 신체적·심리적 상태가 존재합니다. 나무라듯 지적하기보다는 적극적으로 조치하는 것이 아이의 또 다른 정서적·인지적·신체적 문제를 예방하는 길입니다.

| 일반적인 양상 | 습관 장애 | 틱 장애
강박 장애
정서 장애
품행 장애
반항 장애
ADHD |

조기에 적극적으로 치료하면 미래의 병리적 양상을 막을 수 있을 뿐 아니라 발병 이후 치료 경과와 예후가 좋은 편입니다. 더불어 학습과 인지, 사회 발달에 영향을 줄 수 있습니다.

성기를 자주 만지는 아이를 보면 먼저 지나치게 놀라거나 혼내지 마세요. 교사가 느끼는 수치심의 감정이 아이에게 전달되면 아이도 수치심과 죄책감을 느끼게 되고, 남들이 보지 않는 공간에서 자위가 더 강화됩니다. 심하게 벌을 받은 경험이 있는 경우, 나중에 성인이 되었을 때 불감증, 혐오, 기피, 발기부전 등이 올 수도 있어요. 몇 달이 채 되지 않았거나 심각하지 않다면 위생교육으로 해결될 수 있습니다.

"더러운 손으로 만지면 나쁜 병균이 들어가서 아프고, 나중에 병원에 가야 해. 다른 사람들 앞에서 자꾸 만지는 것은 창피한 일이야. 그건 너만의 비밀이야. 만지고 싶으면 집에 있을 때 손과 성기를 깨

끗하게 씻고 네 방에서 혼자, 너만의 것만 만질 수 있어."

  교사가 그런 행동을 별로 좋아하지 않는다는 것을 슬쩍 아이가 느낄 수 있게 해주는 것이 좋습니다. 아이들은 부모나 선생님이 좋아하지 않는 행동은 피하려고 하므로 그런 행동을 하는 횟수가 자연스럽게 줄어들게 됩니다.

  드물지만 음경이나 주변에 아토피가 발생한 경우가 있습니다. 혹시 가려운지 물어보고, 피부과 진료로 연결될 수 있게 안내할 필요도 있습니다.

  아이가 성기를 자주 만질 때, 수업 시간 중에 소외되지 않게 이름을 불러주고 참여할 기회를 주세요. 아이의 관심을 다른 곳으로 돌리는 것입니다. 어떤 걱정거리가 있는지, 심심해하는 것은 아닌지도 살펴보면서 말이에요.

  행동이 계속된다면 부모님을 만나 가정에서 스킨십을 충분히 해주도록 말씀드립니다. 부모와 친밀한 유대감을 쌓지 못했을 때도 자위를 하게 됩니다. 외로움이 주된 원인이라고 합니다. 평소 엄마가 자주 안아주고 만져주면서 아이의 욕구를 충족시켜 주세요. 건강한 정서·심리 발달을 위해 스킨십은 필수입니다.

Part 3

수업에서 성을
안전하게 다루기 위해

성교육 수업 시
교사에게 필요한
여섯 가지 안전장치

"몇 년 전에 학생인권부장이 교육청에서 준 자료를 가지고 전체 학생을 대상으로 성교육을 했는데, 거기에 있는 한 문구(교육청 제작 PPT 사용)를 설명하던 도중 여학생들이 분노해서 학생인권부장에게 공개 사과를 요구했고, 결국 학생인권부장이 전체 학생들 앞에서 공개 사과를 했다. 그러나 학생들은 학생인권부장에게 똑바로 사과하라고 재차 요구했고, 사과하는 태도가 아니라며 엉엉 우는 학생들도 있었다. 그런 것을 봤을 때, 한 문장 한 단어 한 단어가 조심스럽고 두렵다."

성교육 시간에는 평소 수업 때마다 습관적으로 엎드려 있던 학생들도 스스로 일어나고, 수업 방해가 심하던 학생들도 어느 정도 관심을 두고 참여합니다. 궁금한 게 있고, 하고 싶은 말도 많아지는 친근한 주제인 거죠. 친근한 만큼 자신이 성에 대해 어느 정도 알고 있다고 생각하기 때문에 자기가 알고 있던 것이 틀렸다고 인정하는 데까지는 다소 시간이 걸립니다. 앞에서 설명한 초두 효과 때문입니다. 잘못 자리잡은 개념을 수정하는 데는 권위 있는 자료와 노력과 시간이 필요합니다. 그래서 수업 중 교사에게 자신 있게 항의하기도 하고, 집에 가서 부모님께 자기 생각만 늘어놓는 바람에 학부모 민원으로도 이어집니다. 학생의 항의와 학부모의 민원이 발생하면 생각보다 후폭풍이 오래갑니다. 사실 학교 수업으로 부모-자녀 간에 성에 관한 대화가 촉발된다면 오히려 잘된 것 아닌가 싶습니다만, 어쨌든 그래서 저는 수업 시간에 몇 가지 안전장치를 사용합니다.

첫 번째 안전장치로, 학기 초 첫 시간에 향후 수업의 방향성을 미리 알려줍니다.

"선생님의 성교육은 등대 역할을 할 거예요. 여러분은 지금 성이라는 거칠고 험한 밤바다 위에서 흔들리는 작은 배와 같습니다. 자신이 있는 곳이 안전하지 않다는 느낌이 들면 등대의 불빛을 따라 안전한 곳으로 스스로 방향을 돌려서 오세요. 등대까지 오는 것은 누가 대신해 줄 수 없어요. 여러분 스스로 와야 해요. 선생님은 한 학기 동안 계속 반짝이고 있을게요."

이 말을 다른 말로 바꾸면 이렇게 되겠죠.

"너의 성에 대한 모든 결정은 네가 스스로 하는 것이지 누구도 강요할 수 없어. 다만 성을 평생 안전하고 아름답게 누리려면 어떻게 해야 하는지 알려줄게."

수업에 대한 방향성을 정확하게 제시하면 아이들은 자신이 존중받는다고 느끼고, 수업에 대한 기대와 신뢰가 생깁니다.

두 번째 안전장치로, 경어체를 사용합니다.
"앞으로 저는 여러분에게 경어체를 쓸 거예요. 선생님이 여러분을 존중하고 있다는 것을 여러분이 깨닫길 바라기 때문에 존중의 언어를 사용하는 것입니다."

수업에서 말투뿐 아니라 어떻게 하면 진심으로 학생들을 성적인 존재로 존중하고 배려할 수 있을까를 항상 고민하고 미리 준비하려고 노력합니다. 교실을 안전하게 느끼고 마음껏 질문할 수 있는 분위기를 만들려고 합니다. 어떤 질문도 땅에 떨어지지 않게 잘 받아주려고 애를 씁니다. '너의 그 한마디 말도 그 웃음도 나에겐 커다란 의미…….' 아이유의 노래 「너의 의미」를 들려주며 익명 질문 쪽지를 받은 해도 있습니다. 수업을 방해하는 학생의 자존심을 상하지 않게 지도하기 위해 여러 가지 방안들을 준비해 놓고 있습니다. 놀랍게도 교사의 이런 노력을 아이들이 알아챕니다.

세 번째 안전장치로, 중요한 단어와 예민한 내용은 학생들이 먼저 말하도록 유도합니다. 아이들이 먼저 생각하고 친구들과 토의하게 한 후에 교사가 통계 등의 사실 자료를 제시해 확인시켜주는 방법을 선택합니다.

10대 임신 단원에서 '부적절한 요구 거절하기' 모둠 활동 했던 것을 예로 들어 보겠습니다.

먼저 남자(여자)친구가 자꾸 성관계를 요구한다면 어떻게 할지 모둠에서 함께 의논해보게 했습니다. 이때 중요한 것은 '나 전달법'(I message)으로 대답하게 하는 것입니다. 상대방의 잘못을 지적하지 않고, 나의 입장에서 말하는 '나 전달법'을 써서 상황(문제)-내 기분-내 요구(부탁)의 순서로 말하게 합니다. 학생들의 대답 중 하나를 소개합니다.

"오빠가 자꾸 요구하는데, 내 나이도 생각해 줘. 아직 어려서 아이를 낳아도 책임질 준비가 안 됐어. 나는 오빠가 나를 성관계하기 위해 만나는 것 같다는 생각이 들어서 속상해. 우리 둘 다 아이를 책임질 준비가 되었을 때 성관계를 하는 게 좋을 것 같아."

모둠 활동이 아주 잘되는 모둠이 있어서 콕 찍어 "남자(여자)친구가 피임할 테니 걱정하지 말라고 하면 어떻게 하죠?"라고 이어서 질문하자 다음과 같은 답이 나왔습니다.

"100퍼센트 완벽한 피임 방법은 없어. 콘돔의 피임 실패율은 18퍼센트야. 무서워."

각 피임법에 따른 첫 1년 간의 피임 실패율

	피임 방법		최저 실패율(%)	일반 실패율(%)
	피임 안 함		85	85
호르몬 피임제	복합경구 피임제		0.3	9
	프로게스틴단일 경구 피임제		0.3	9
	피임 패치		0.3	9
자궁 내장치	구리자궁내장치		0.6	0.8
	레보놀게스트렐 분비 자궁내시스템		0.2	0.2
	남성용 콘돔		2.0	18
	질외 사정		4.0	22
	월경 주기 조절법		5.0	24
불임 수술	난관불임수술		0.5	0.5
	정관불임수술		0.10	0.15

출처: Contraceptive technology 20th edition, 2011

  많은 미디어에서 콘돔을 사용한 피임법이 마치 확실한 피임 방법인 것처럼 묘사하고 있는 까닭에 이미 인식하고 있는 정보에 대해 권위 있는 자료를 제시하지 않으면 심리적·인지적 반발이 일어나므로 유의해서 가르칠 필요가 있습니다.

존중 포인트
삶과 연결 짓기

'부적절한 요구 거절하기'는 10대 임신 4차시 수업 중 가장 중요한 네 번째 시간인데요, 아직 이성 교제를 경험한 적 없는 아이들에게 임신과 성관계에 대한 주제가 멀게만 느껴질 수 있죠. 바른 가치 내면화까지 가야 하는 성 수업은 삶과 연결되어야 오래 기억될 수 있기에 아이들의 삶과 긴밀히 연결된 지점을 찾는 것이 좋습니다. 중학생 대상 수업에서 '원치 않는 성관계 요구 거절하기'로 수업했을 때보다 '내가 싫어하는 것을 요구할 때 관계를 해치지 않고 잘 거절하는 방법', 즉 '부적절한 요구 거절하기'로 주제를 바꾸어 수업 디자인을 했더니 배움이 더 확장되었습니다. 교사의 의도대로 '친구가 내가 싫어하는 것을 요구할 때 거절하는 방법을 배운 것이 가장 좋았다'라는 평가를 해주더군요. 초등학생 대상일 경우에는 최근 큰 문제로 떠오른 온라인 그루밍 디지털 성범죄와 관련하여 '신체 일부의 사진을 요구할 때 어떻게 할까요?'와 같은 내용을 아이들의 언어로 작성해 진행하면 적절할 것 같습니다.

네 번째 안전장치로, 수업 디자인 단계에서 최악의 상황을 예상해서 대처할 방법을 세우거나 예방하기 위한 장치를 사이사이에 넣습니다.

예를 들어 성폭력 예방 교육을 할 때, 남학생들은 자신들을 잠재적 가해자로 볼까 봐 예민해져 있을 수 있죠. 혹은 남자는 피해당할 일이 없다는 듯 피해자의 고통에 공감하지 못할 수도 있습니다. 이렇게 되면 배움이 일어나기 어려워집니다. '선생님도 다른 사람들처럼 남성을 잠재적 가해자로, 여성을 잠재적 피해자로 보나요?'라는 익명 쪽지 질문도 들어옵니다. 이런 상황이 예상될 경우, 남성이 피해자가 된 사례를 먼저 들려줍니다. 수업 초반에 남학생이 같은 남자로부터 당한 성추행 사건을 사례로 들려주면 남학생들도 피해자에게 공감하면서 잘 참여합니다. '#me too' 수업 역시 신문 기사나 성인들 사이의 사건으로 진행하면 어른을 비난하기만 하고 배움이 일어나지 않으므로, '교실 미투 : #class me too(성희롱과 성폭력 없는 평화로운 교실을 위해 내가 가장 바라는 것 두 가지)'로 접근하여 아이들 삶과 닿아 있는 성찰이 일어나게 합니다.

한 선생님이 성교육 수업 후에 학부모로부터 민원이 들어왔다며 도움을 요청한 적이 있습니다. 많이 알려지고 여성가족부로부터 큰 상도 받은 ****교육연구회에서 제작하여 블로그에 공유한 수업자료와 추천 영상으로 수업했는데, 민원이 들어와 황당하고 배신당한 기분이 든다고 했습니다. 내용인즉 초등학교 5학년을 대상으로 한 성교육에서 15금 드라마 영상을 일부 사용했다고 합니다. 이 같은 민원은 얼마든지 예상할 수가 있죠. 이 영상을 꼭 사용해야 하는 경우에는 영상을 보여 주기 전에 먼저 학생들에게 이렇게 당부한 다음 진행했더라면 예방 가능했을 겁니다.

"여러분, 이 영상은 15금 드라마이기 때문에 선생님은 수업 시간에 함께 봐도 되는 안전한 장면만 조금 가져왔어요. 15금 영상은 부모님 지도 없이 보면 안 되는 것 알죠?"

다섯 번째 안전장치는 익명 쪽지 질문을 계속 받는 것입니다. 수업 시작 전에 쪽지를 나눠주고, 수업 마침 종이 울리면 모두 동시에 일어나 교탁 위 제 손가방에 넣도록 합니다. 질문하는 학생이 드러나지 않게 아무것도 적지 않은 학생도 쪽지를 반 접어서 넣게 하죠. 이렇게 하면 소통의 통로도 될뿐더러 학생은 솔직하게 정말 궁금한 것을 마음껏 질문할 수 있고, 교사는 들어온 질문에 대해 고민하고 공부하여 제대로 답변해 줄 시간을 벌 수 있습니다. 중요한 질문에 대해서는 PPT를 만들어 성의껏 답변해 줍니다. 익명 질문쪽지 답변을 준비하는 데 시간이 많이 들거나 교사에게 혹은 수업 진행에 부담이 된다면 일회성으로 진행해도 괜찮습니다. 익숙해지면 제가 했던 것처럼 한 달 동안 받아 답변 시간을 정해 한꺼번에 풀어주면 학생들이 아주 좋아합니다.

여섯 번째 안전장치는 수업 주제에 대한 불편함을 솔직하게 밝히는 것입니다. 저는 동성애와 에이즈에 대해 다룰 때 이렇게 말했습니다.

"선생님도 불편하고 상처받는 사람이 있을까 봐 걱정되는데, 학부모회에서 이것만은 꼭 학교에서 가르쳐 줬으면 좋겠다고 해서 용기를 내 수업하려고 해요."

"부담스럽지만 선생님 생각에 성교육에서 정말 중요한 부분이라 생각되어 다음 시간에 다루려고 하는데, 여러분 생각은 어때요?"

이런 식으로 먼저 교사의 솔직한 심정을 밝히고 나서 조심스럽게 수업을 진행하면 아이들은 인터넷에서 들었던 정보로 교사의 말을 판단하지 않고 진지한 태도로 수업에 참여합니다. 이 수업 후 한 학생에게서 이런 메모를 받은 일이 있습니다.

"불편한데도 우리를 위해 수업해주셔서 감사합니다."

성교육은 과학적이고 윤리적이며 사회적으로 합의된 내용으로 가르치는 교육입니다. 교사가 자신의 가치관을 펼치는 시간이 되어서는 안 됩니다. 교사는 수업이라는 안전한 공간에서 아이들이 마음껏 생각을 나누고 교사-학생, 학생-학생 간 같음과 다름을 확인하며, 배움이 확장되도록 돕는 사람이기 때문입니다.

**Q 여자의 관점? 남자의 관점?
성의 대립 구도가 만들어질까 봐
걱정됩니다**

●

요즘 들어 우리 사회 한 편에서 성별 간 대립과 혐오가 심각해지고 있습니다. 특히 20~30대, 그리고 온라인상에서 더욱 심한 것 같습니다. 아이들이 게임 채팅창이나 인터넷 영상 댓글에 적힌 글들을 보면서 자기도 모르게 성별 대립까지 그대로 배우고 있습니다. 고등학교의 경우 종종 페미니즘과 안티페미니즘이 공개적으로 충돌을 일으키는 일도 있습니다.

페미니즘은 여성과 남성의 관계를 살펴보고, 여성이 사회 제도 및 관념에 따라 억압되고 차별받고 있다는 것을 밝혀내는 여러 가지 사회적·정치적 운동과 이론들을 포괄하는 용어입니다. 동서양을 막론하고 역사적으로 가부장제 아래 남성이 사회활동과 정치참여를 주도해 왔기 때문에, 페미니즘은 여성의 권리를 주장하고 실현하는 것을 목표로 해왔죠.

하지만 페미니즘의 진정한 목적은 여성의 관점에서 남성을 타도의 대상으로 삼거나 남성과 여성을 대립과 대결 구도로 몰아가려는 게 아닙니다. 여성과 남성을 동등한 인격적 인간의 관점에서 바라보고, 보편성의 원칙에 따라 평등하게 대하라는 것이죠. 억압과 차별을 걷어내기 위해서는 존중과 배려가 우선되어야지 배격과 분열이 우선되어서는 안 됩니다. 학교 교육에서 이것을 가르쳐야 합니다.

"여자의 관점에서 이야기해야 하나요? 남자의 관점에서 이야기해야 하나요?"

성교육 주제에 따라 자칫 여성과 남성의 대립 구도가 만들어지면 어떻게 하나 걱정될 때가 있습니다. 만약 성별 간 의견 대립이 예상되는 주제라면, 교사가 어느 한쪽 편에 관해 이야기하기 전에 학생들이 먼저 여성, 남성의 관점으로 이야기할 수 있는 시간을 주는 게 좋습니다. 모둠 활동부터 하는 거죠. 늘 그런 건 아니지만 대개 남녀 혼합 모둠이 효과적입니다. 교실을 둘러보며 한쪽 성으로만 구성된 모둠은 자리 배치를 바꿔 줍니다. 이때 어느 한 학생을 직접 지목하면 곤란한 문제가 생길 수도 있으니 가위바위보로 정하게 하든지 옆 모둠으로 옮겨갈 지원자를 받는 게 안전합니다. 같은 성끼리는 대각선으로 앉게 하는 것이 더 활발한 소통이 되게 합니다.

"친구들 생각을 알게 되어 좋았어요."
"다른 성의 입장에서 먼저 생각해야 한다는 걸 깨달았습니다."

학생들로부터 이런 평가를 들을 수 있을 거예요. 간혹 성인지 감수성이 떨어지는 의견이 떡하니 발표될 때가 있습니다. 이럴 경우, 교사가 직접 잘못된 부분을 지적하지 않고 대신 아래와 같이 진행하는 것이 발표자를 포함한 모두를 존중하는 방법입니다.

"여러분, 혹시 이 모둠 발표에 조금 불편하거나 걱정되는 부분이 있나요?"

전체 학생들에게 질문한 다음, 발표했던 해당 모둠에 먼저 발언권을 줍니다. 목소리 큰 학생에게 눌려있던 다른 학생이 말할 기회를 얻습니다.

'어? 쟤가 저렇게 생각이 깊은 아이였네?'

반 친구들의 눈동자가 반짝입니다.

수업 중 학생들끼리
성적인 농담을 주고받을 때
어떻게 대처해야 할지 모르겠습니다

●

　수학 시간, 담임선생님 수업이었습니다. 문제 풀이 시간이 길어지기에 가장 빨리 정답을 풀이한 학생에게 사탕을 주겠다고 했더니 전입한 지 얼마 안 된 한 남학생이 이렇게 대답하더랍니다.
　"선생님, 사탕은 됐고요. 선생님 한번 만져 보게 해주세요."
　당시 20대로 교직 경험이 적었던 여선생님은 어색하게 미소만 짓고 그냥 지나쳤다고 해요. 그러나 속은 어땠겠습니까? 시간이 갈수록 그 순간이 생각나 괴롭고 화가 나서 잠을 설칠 정도가 되어서야 저를 찾아왔는데, 그 학생과는 이후 계속 껄끄럽다고 했던 기억이 납니다.
　국어 시간, 30대 중반의 여선생님 시간이었습니다. 교과서를 읽는 중에도, 참고자료를 이용해 수업을 진행하는 중에도 조금의 '꺼리(?)'를 발견하면 성과 연결한 단어를 말하며 서로 쳐다보면서 킥킥거리는 통에 수업이 제대로 되지 않는 날이 계속되었습니다. 결국은 같은 반 여학생 10여 명이 담임교사를 찾아와 국어 선생님이 불쌍하다며 도움을 요청했다는군요. 그 전엔 아무도 몰랐습니다.

수학 시간, 사람 좋기만 한 50대 남자 선생님 시간이었습니다. 판서를 하는데 뒤의 느낌이 싸해지면서 킥킥거리는 소리도 반복해서 들리길래 돌아보니 몇몇 아이들 얼굴에서 뭔가가 느껴지더랍니다. 동작은 멈췄지만 방금 오간 느낌은 얼굴에 남기 마련이죠. 그런데 이 에피소드가 한 번에 그치지 않고 수업 들어올 때마다 같은 남학생들이 계속 그런 언행을 했다고 합니다.

이런 일은 수업 시간 중에 일어났고, 남녀노소를 가리지 않았습니다. 이럴 경우, '사안 발생'으로 진행했을 때 교권보호위원회까지 가더라도 말끔하게 해결되기 어렵습니다. 교사이기 때문에, 내 학생이기 때문에 내가 참아야지, 보호해야 할 위치에 있으니 내가 짊어질 문제야, 라고 생각하는 선생님들이 많습니다. 때로는 관리자로부터 '왜 선생님 시간에만 학생들이 그런 행동을 합니까?'라는 2차 가해를 받기도 합니다.

수업 중 성과 관련한 언행은 초반에 그냥 모르는 척 넘어가면 한 번으로 그치지 않고 그 시간에만 계속합니다. 엄연한 성희롱이고 교권 침해입니다. 처음에 단호하게 대처해야 더 심한 지경으로 진행하지 않습니다.

성희롱 언행을 한 학생은 익명 설문 조사, 개인별 상담, 동료 교사의 도움을 받아 각각 다른 교사로부터 교육과 상담을 수차례 받게 하고, 가정에서도 같은 방향으로 교육해달라고 당당하게 요청해야 합니다. 선생님의 잘못이 아니니까요.

Q 수업 시간에 갑자기 "야동은 왜 봐요?"라며 돌 던지듯 질문을 던질 때 어떻게 해야 할까요?

●

수업 시간에 성과 관련해 뜬금없고 어이없는 질문을 던지는 아이들이 있습니다. 물론 정말 몰라서, 궁금해서 물어보는 것일 수도 있습니다. 몰라서 물었든 뭔가 다른 의도가 있었든 이러한 돌발 질문에 대한 최선의 대응은 진지하게 받아주는 것입니다. 만약 선생님이 아직 음란물을 주제로 다루는 수업 준비가 되지 않았다면, 질문한 학생을 비난하지 않으면서 유머러스하게 넘어가면 어떨까요?

"주변에 야동 보는 친구가 있나 본데? 그 친구한테 개인적으로 물어보렴."

한번은 수업이 시작되자마자, 쉬는 시간의 흥분이 채 가라앉지 않은 채로 한 학생이 잔뜩 신이 나서 이렇게 말했습니다.

"선생님, ○○이가 어젯밤에도 야동 봤대요!"

이건 분명히 친구의 성을 침범한 것입니다. 이때 교사는 정색하고 경계를 세워주는 것이 필요합니다.

"선생님은 안 궁금한데요? 그리고 여러분, 성교육 시간(수업 시간)은 성 경험을 나누는 시간이 아니에요. 이 상황에서 ○○이가 불쾌감을 느끼면 성희롱이 될 수 있어요."

성은 알면 아는 대로 모르면 모르는 대로 때를 놓치지 않고 가르쳐야 합니다. 우리나라 학교 성교육 시스템이 제대로 잡힐 때까지 기다리는 동안 지금 성장하고 있는 아이들은 어쩌죠? 이 아이들이 우리 손에 있는 동안은 우리가 가르쳐야 하지 않을까요?

현 사회 실태를 반영한 최고의 수업 자료보다 더 중요한 것은 성을 가르치는 교사의 태도에서 아이들이 더 강한 인상을 받는다는 점입니다. 성을 품위 있게 대하는 교사의 태도에서 아이들은 성을 배웁니다. 야동을 왜 보는지 물어보는 아이에게 저는 이렇게 대답해주었습니다.

"아마 처음엔 그게 어떤 내용인지 모르고 어쩌다가 보게 되었을 거예요. 그런데 너무 자극적인 화면이 나오니까 깜짝 놀랐을 거고, 아무도 모르게 보다 보니 뭔가 비밀스러운 것 같고 호기심이 생겨서 또 보고 싶어졌을 수도 있어요."

설문 조사에서 야동을 보는 이유에 대해 '자위하기 위해서'라고 답한 친구가 가장 많았습니다. 이렇게 야동을 보면서 자위하는 습관이 들면 나중에 문제가 발생할 수 있어요. 야동을 보면서 하는 자위의 목적은 '사정'이기 때문이죠. 현실의 성관계는 사랑하는 사람 관계에서의 대화라고 할 수 있는데, 오로지 남성의 사정만을 목표하는 것이 습관이 되면 나중에 두 사람 관계에 좋지 않은 영향을 주게 됩니다. 자위는 자기 자신을 사랑하는 방법의 하나이므로 괜찮지만, 야동을 보면서는 하지 않으려 노력해야 한다는 것을 아이들에게 알려주세요.

"음란물은 현실과 많이 다릅니다. 나쁜 어른들이 돈을 목적으로 배우에게 대본을 주고 시킨 것이며, 그렇게 만들어진 현실과 다른 자극적인 음란물로 계속해서 성적인 자극을 받고 성 충동을 해소하는 습관이 되면 내 몸과 뇌는 나중에 성인이 되었을 때 현실의 성에 반응하지 않게 돼요. 뇌는 더 자극적인 것을 추구하는 경향이 있기 때문이죠. 성은 놀이처럼 즐기는 것이 아니라 평생 안전하고 아름답게 누리는 것입니다. 담배가 몸에 해롭기 때문에 미래를 위해 금연하는 것처럼 음란물을 보지 않으려고 노력하는 것이 자신을 존중하는 것이에요."

**Q 중학생에게
콘돔 교육을 해야 할까요?**

지금까지 아이들의 익명 질문 쪽지를 무수히 받았지만, 콘돔 사용법을 알려달라는 쪽지는 받아본 적이 없습니다. 대신 꼭 콘돔을 사용해야 하느냐는 질문은 자주 받았습니다. 콘돔 사용 방법에 대해 교육할 때는 함께 교육해야 할 것이 몇 가지 있습니다.

첫째, 콘돔을 사용하는 이유입니다. 임신을 원하지 않는다면 피임의 목적과 성병(성매개감염병) 예방을 위해서 꼭 사용해야 합니다. 에이즈는 콘돔 사용으로 80퍼센트 이상 예방할 수 있습니다. 저는 성병에 대해서도 따로 1시간 할애해서 자세히 가르치지만 '콘돔' 단어가 나올 때마다 이 내용을 되짚어줍니다. 그러나 콘돔으로 예방되지 않는 성병도 있습니다. 성기 사마귀라고 불리는 곤지름, 성기 헤르페스 등 성기 주변 피부와 털에 생기는 성병은 콘돔 사용으로 예방할 수 없습니다.

둘째, 콘돔의 피임 실패율입니다. 성인이 일반적으로 사용할 경우 콘돔의 피임 실패율은 18퍼센트(출처: 『Contraceptive technology 2011』, 보건복지부·대한의학회)입니다. 완벽한 피임법이 아니라는 거죠. 청소년의 경우는 콘돔을 사용할 타이밍을 맞추기도 어렵고, 사용법이 미숙해서 실패율이 더 높다고 합니다.

현재 우리나라 교육 시스템상 대부분 고등학교에서는 성교육 시수 확보가 어렵기 때문에 중학교 3학년 정도면 경구피임약, 콘돔 등 피임법을 가르쳐야 할 것 같은데요, 중요한 것은 콘돔을 성기 모형에 씌우는 실습에 초점을 맞추기보다는 각 피임 방법의 장단점과 주의사항에 대해 구체적으로 꼼꼼히 알려주는 것이 필요합니다.

피임 방법을 배우는 것이 '이제 이것을 사용해서 성관계 해도 되는 나이야'라고 자기 편할 대로 해석하지 않도록 사전 성교육이 충분히 되어 있는 상태에서 수업해야 합니다. 그리고 가정통신문(안내문)을 통해 피임기구 사용 실습을 포함한 피임 교육을 안내하고 자녀가 이 수업에 참여하길 원치 않을 경우, 대체안에 대해 정확히 안내해야 합니다. 보통 사서교사의 도움을 받아 그 시간에 도서실에서 관련 책을 읽게 하고 소감문을 받습니다.

얼마 전에 영국의 공립 중학교에서 담임교사로 근무하는 분의 강의를 들었는데, 성에 개방적인 영국 공교육에서도 부모의 승낙서를 받고 콘돔 실습을 포함한 피임법 교육을 한다고 하더군요. 성 문화는 가정마다 차이가 크므로 학교에서도 수요자의 요구에 맞춰져야 한다고 생각합니다.

Q 1년에 수차례씩 성폭력 사안이 발생하고,
가해·피해 학생이 생기는데도
왜 학교 관리자와 동료 교사들은
성교육에 관심을 기울이지 않을까요?

●

여기에는 몇 가지 문제가 중첩되어 있습니다.

첫 번째, 대부분 학교에서 성교육 업무를 담당하는 보건교사는 응급처치 대기 요원입니다. 수업 중 응급환자가 발생했을 때, 즉시 응급처치를 제공하지 못하면 생명과 직결된 큰 문제가 됩니다. 저도 항상 고민하는 부분인데요, 수업 들어갈 때 휴대전화를 소지하고, 수업 중 학교 번호가 찍힌 전화가 오면 통화하기로 아이들에게 미리 양해를 구했습니다. 실제로 휴대전화가 울리는 경우는 매우 드물지만, 그럴 때 환자와 통화하게 해달라고 해서 환자 상태를 가급적 자세히 파악하고, 평소 사용하던 약을 쓸 수 있게 했습니다.

그러나 보건교사가 교실에서 수업하는 동안 긴급한 응급환자가 발생해 곤란을 겪은 적이 한 번이라도 있는 관리자라면 뒷수습 때문에 온갖 일을 겪었을 터라 다시는 보건교사가 보건실을 비우지 않도록 할 겁니다. 그러므로 보건교사 2인 배치가 답이 될 수 있습니다.

두 번째는 학교 성교육을 신뢰하고 있지 않기 때문입니다. 언론들은 수시로 피임 교육을 강조하고, 흉악한 성범죄 사안이 생길 때마다 학교 성교육을 비난하기 때문에 보통 사람들은 정말 그렇다고 생각하고 있습니다. 기회 있을 때마다 학교의 담당 교사가 직접 교직원과 학부모를 상대로 연수 강의할 기회를 가질 필요가 있습니다. 제가 근무하던 학교에서 일어났던 일을 예로 덧붙이겠습니다. 어느 날 학부모회 몇 분이 찾아와서 제게 이렇게 요청했습니다.

"선생님, 가정에서 해야 할 자녀 성교육에 대해 궁금한 것이 참 많은데, 학부모 회의실에서 잠시 이야기를 나눌 수 있겠습니까?"

마침 시간이 있던 터라 학부모 회의실로 갔더니 십여 명의 학부모가 기다리고 있었습니다. 각 가정에서의 생생한 질문이 넘쳐났습니다. 이렇게 성교육에 관심 있는 부모 그룹은 처음이라 신이 나서 즐겁게 대화를 나누었는데, 우리만 듣고 있기 아깝다며 학부모 교육을 정식으로 요청하셨고, 제가 응하면서 학교 성교육이 시작되었습니다. 이후 학부모회 요청으로 학생을 대상으로 한 성교육 시간이 생겼고, 이듬해에 선택교과로 채택되었습니다.

세 번째, 학부모들은 자녀의 이야기를 듣고 수업을 평가하게 됩니다. 그동안 자녀가 학교에서 제대로 된 성교육을 받을 기회가 없었기 때문에 가정에 전달될 내용이 없었던 것이죠. 따라서 학교 성교육에 대해 뭐라고 평가할 수도, 어떻게 해달라고 요청할 수도 없었던 겁니다.

네 번째, 교사들이 가장 중요하게 생각하는 이유인데 수업 관련 민원으로부터 교사를 보호할 수 있는 법적인 안전장치가 없기 때문입니다. 특히나 성은 학생 간 개인차가 크고, 가정마다 부모의 가치관에 따라 성에 대한 태도가 다른 까닭에 학부모 민원이 생길 가능성이 큽니다. 한 번 그런 일을 겪고 나면 시간표에도 없는 성교육은 크게 위축될 수밖에 없습니다.

인공 임신 중절(낙태)에 대한
헌법재판소의 판결을
학교 현장에서 그대로 가르치는 게 좋을까요?

●

보이텔스바흐 원칙에 따라 사회적 논쟁거리를 수업으로 가져와 다루는 것은 큰 의미가 있다고 생각합니다. 1961년 베를린장벽이 설치되면서 공산주의를 따르는 동독과 자본주의를 따르는 서독으로 나뉜 독일은 1989년 장벽을 무너뜨리면서 통일을 이룹니다. 분단 중이었던 1976년 서독의 보수와 진보 진영의 정치가, 교육자, 연구자 등이 작은 도시 보이텔스바흐에 모여 이념과 정권에 치우치지 않는 교육을 하기 위한 교육지침을 마련하고, 세 가지 원칙에 합의하게 되었는데, 이를 보이텔스바흐 원칙이라고 합니다.

첫째, 학생에게 강압적으로 교화하거나 주입식으로 교육하는 것을 금지한다.
둘째, 학문적, 사회적 논쟁 상황을 교실 수업에 그대로 옮겨온다.
셋째, 정치와 생활을 연계해 학생의 실생활과 관련 있는 주제에 대해 학생들이 이해관계를 스스로 판단하고 결정하게 한다.

　도덕, 사회, 국어과의 교과 특성을 살려 논쟁 수업으로 진행하기에 효과적인 성 수업 주제로는 비속어 사용, 인공 임신 중절(여성의 임신을 중단할 권리와 태아의 생명권), 중학생 콘돔 사용법 실습수업, 양성평등(여성 차별, 남성 역차별 논쟁), 성별 혐오, 이성 교제 시 교내 예절 등이 있습니다. 논쟁 중인 양측의 읽을거리와 영상 자료를 교사가 미리 다양하게 준비해주고 더불어 학생들이 수업 중에 검색하여 자료를 더 찾을 수 있게 하면 조금이라도 있을 교사 가치관의 영향을 배제할 수 있습니다.

　논쟁 후에는 최종 입장을 다시 선택할 기회를 주고, 다양한 방법으로 실천할 수 있는 실천 의지 다지기까지 진행될 때 의미가 있음을 유의하시기 바랍니다. 이런 논쟁 수업은 나와 다른 생각을 하는 사람을 어떻게 이해하고 대화할 수 있는지, 문제를 해결하기 위해 무엇을 실천해야 하는지를 깨닫는 기회가 될 수 있습니다.

　논쟁 수업이 익숙하지 않은 저는 인공 임신 중절(낙태)을 수업에서 다룰 때 이 원칙대로 진행하지는 못했습니다만, 헌법재판소의 판결과 의미, 찬반 양측의 의견을 모두 들려주고 현재 어떻게 진행되고 있는지 상세히 알려 주었습니다.

　사회의 첨예한 이슈를 교실로 가져와야 하는 이유는 아이들의 시선을 교사의 가치관으로 가려서는 안 되기 때문이기도 하지만 현재 사회는 이미 다양성이 높아져 있기 때문입니다. 제가 학교 생활하던 때만 해도 대부분 부모님은 비슷한 시기에 결혼과 출산을 해 부모가 되었기 때문에 그 자녀는 친구들과 큰 의견 차이 없이 자랐는데, 지금은 초등학교 부모 모임을 가보아도 30대에서 50대 이후까지 구성원의 연령대가 다양합니다.

다양한 세대의 가정에서 자라는 친구들과 한 학급에서 소통하고 있습니다. 당연하게도 아이들이 가정에서 보고 듣고 배우는 관점이 다양하므로 학교에서 다름에 대해서 충분히 토론하고 나눌 수 있어야 어릴 때부터 삶 속에서 다름을 이해하고 수용할 수 있습니다.

**Q 수업 주제를
어떤 순서로 진행해야 하나요?**

2015년 개정 교육과정은 미래 사회가 요구하는 핵심역량을 함양하여 바른 인성을 갖춘 창의 융합형 인재를 양성하는 데 중점을 두고 있으며 교과 특성에 맞는 다양한 학생 참여형 수업을 활성화하여 자기 주도적 학습 능력을 기르고 학습의 즐거움을 경험할 수 있게 교육과정을 구성하도록 하고 있습니다. 특히 중학교 교육에서는 공동체 의식을 바탕으로 타인을 존중하고 서로 소통하는 민주 시민의 자질과 태도를 기르는 데 목표를 두고 있습니다.

어떤 주제를 선택하든 교과 특성을 살리고 학생이 즐겁게 배울 수 있는 학생 참여형 수업으로 디자인하는 것이 중요합니다. 저는 보건 과이기에 다른 교과의 교과 특성을 살린 학생 참여형 성 수업 디자인에 대해서는 말씀드릴 게 없음을 안타깝게 생각합니다. 보건 교과에서 교과 특성을 살려서 진행하고 있는 수업 주제에 대해서 알려드리겠습니다.

먼저, 첫 수업은 마음 열기 시간입니다. 성에 대해 자기 자신에게 마음을 여는 시간으로 명화를 활용한 수업입니다. 제 지인 중에 국어과 교사인 30대 후반의 남자 선생님은 중학교 1학년 국어 시간을 쪼개 존중 성교육 수업을 하고 있는데, 제가 1차시로 디자인한 명화 활용 마음 열기 수업을 국어과 특성을 살려 지역도서관 활용부터 시작해 4차시로 진행한다고 합니다. 이렇게 자기 자신과 교사에게 성에 대해 마음을 열면 단단한 공감대가 형성되기 때문에 이어지는 수업 시간이 확실히 다릅니다. 아이들이 훨씬 자유롭게 소통하고 서로를 성적인 존재로 존중하는 것이 눈에 띕니다.

두 번째는 성 건강입니다. 생식기 건강은 성교육의 서론 격이라고 보기에 보건과의 특성을 살려 성 건강에 대해 4차시에 걸쳐 자세히 배우는 시간을 갖습니다만, 만약 다른 교과라면 학년 초보다는 좀 더 시간이 흐르고 아이들과의 성 수업이 더 편안해진 후 성 건강 주제에 대해 수업하기를 권해 드립니다. 간혹 아직 충분한 공감대가 형성되기 전 생식기 건강에 대한 언급에 자신의 성을 침해당한 것처럼 느끼는 학생이 있을 수 있기 때문입니다. 어떤 주제의 성교육이든 교사와 학생이 편안한 방식으로 진행해야 합니다.

세 번째는 익명 쪽지 질문에 답변하는 시간입니다.

네 번째는 음란물의 유해성에 대해 수업합니다.

다섯 번째는 성을 이야기하는 바른 언어(비속어)에 대해 다룹니다.

여섯 번째 10대 임신 시간에는 피임, 인공 임신 중절, 미혼부·미혼모, 부적절한 요구 거절하기 등을 4차시에 걸쳐 공부합니다.

일곱 번째 주제는 성인지 감수성입니다.

여덟 번째 주제는 이성 교제로 스킨십과 관계(사랑하는 사람과 행복하게 지내는 비결)에 대해 2차시에 걸쳐 깊이 있게 소통합니다. 10대 임신과 성인지 감수성을 먼저 다룬 후에 이성 교제 수업을 진행하는 것이 어떤 의미인지 짐작하시죠?

아홉 번째 주제는 성폭력, 데이트 폭력이고,

열 번째 주제는 #교실 미투(#class me too)이며,

열한 번째 주제는 성폭력에 대응하는 전략으로서의 #위드 유(#with you) 수업입니다.

이후 미디어 리터러시와 성 매개 감염병 그리고 수업 평가로 이어집니다.

가급적 나, 너, 우리로 확장될 수 있게 수업 순서를 정했고, 서로 존중, 삶으로 행동하기, 공동체 역량 강화에 중점을 두고 있습니다.

저의 존중 성교육 연수에 참여하신 선생님 중에 유명 기관에서 진행하는 성교육 집중 연수를 들었는데, 현 실태와 문제점만 장황하게 늘어놓고 학교 차원에서의 대응 방안이나 수업 방법에 대한 제시가 없어서 가슴이 답답하더라는 말씀을 하신 분이 있었어요. 수업에서 다루고 싶은 주제를 발견했을 때 학습 목표와 성취 기준을 설정하고, 아이들 수준에 맞춰 어떻게 수업을 디자인할 것인지는 교사의

못입니다. 학교 밖에 있는 사람들이 평범한 우리 아이들에 대해 교사보다 더 잘 알 수는 없습니다. 학교가 위치한 지역, 급별, 교실 문화에 따라 차이가 있습니다. 같은 학년이라도 1학기냐 2학기냐에 따라, 1학기라 할지라도 3월이냐 7월이냐에 따라 다릅니다. 그러니 학교 밖에서 알려주는 대로 우리 아이들을 예단해서도 안 되고, 수업에 그대로 적용할 수도 없습니다.

학교 밖 관련 기관에서 진행하는 연수는 우물 안 개구리가 되지 않기 위해 각계각층에서 학교 교육을 어떤 시선으로 보고 있는지 알아가는 시간이며, 각계 전문가로부터 여러 자료를 수집하여 교실 수업에 녹여내는 것은 교사 자신의 몫입니다.

또 같은 주제라 할지라도 교과에 따라 바라보는 시선이나 수업 진행 방식이 다르기에 자기 것으로 온전히 소화해서 자신의 언어로 재탄생해야 수업 중에 길을 잃지 않겠죠.

요즘은 현직교사가 강사인 연수의 인기가 많습니다. 수업에 적용하기 쉬운 실질적인 도움을 얻을 수 있기 때문이죠. 같은 교과, 같은 학교급 연수만 고집하지 마시고, 여러 교과의 연수를 두루 경험해 보세요. 평소와 다른 시선으로 수업을 바라볼 수 있어 무척 흥미롭고 유익합니다.

Part 4

불편함을 넘어 감동까지, 그림책으로 성교육하기

학생들의 수준을 이해하는 것과
학생들에게 필요한 수업을 하는 것

학생들의 수준을 어디까지 봐야 할지 고민되시죠? 교과서의 내용은 고리타분하고 현실성이 없어서 수업자료로 쓰기에는 부족해 보입니다. 막연하여 흥미 유발도 어렵고 삶과 연결 짓기도 쉽지 않습니다. 사회는 빠르게 새로운 이슈를 교실로 던져주고 있는데 외면하자니 마음도 편치 않습니다. 또한, 어디까지가 아이들에게 필요한 수업일까요? 성취 기준을 찾아내는 것도 쉬운 일이 아닙니다.

이 질문에 대한 답은 아이들이 가지고 있습니다. 먼저 아이들이 어떤 상태인지, 무엇을 궁금해하는지, 무엇을 필요로 하는지를 알아야만, 필요와 부족에 대해 찾을 수 있습니다. 그래서 어떻게든 아이들과 연결되어 있기를 노력합니다. 첫 시간 마음 열기부터 마지막 시간 학년말 수업 평가까지 되도록 매 시간 수업 소감과 익명 쪽지 질문을 받고 필요하면 설문 조사도 하여 아이들의 언어로 채울 기회를 줍니다. 가능한 한 수업 활동지를 걷어와 모두 읽어 보고 수업 시간에 미처 발견하지 못했던 배움 활동을 점검하고 (처절하게) 성찰하는 시간을 가집니다. 많이 부족하여 부끄러울 때도 있지만 이렇게 직면하는 시간이 있어야 발전할 수 있다고 생각합니다. 수업을 되돌아보고 발문을 바꿔 보고 PPT 제시 순서를 바꿔도 보고 어떻게 하면 배움이 더 잘 일어나는지 예민하게 관찰합니다. 마지막으로 아이들의 삶과 어떻게 연결할지 고민합니다. 그리고 교육의 힘을 믿습니다.

학생들에게 필요한 지점을 발견했어도 어떤 수업 방식으로 접근해야 아이들의 마음을 두드리고 배움이 일어나게 할 수 있을까에 대한 고민은 교사에겐 숙명과 같은 숙제인 것 같습니다. 최근에 제가 발견한 방법은 그림책을 활용한 수업입니다. 보건과에 주어진 연간 수업 시수가 턱없이 부족하다 보니 한 주제를 몇 시간에 걸쳐 깊이 있게 다루기 어려워서 이야기의 힘을 빌려 한 차시(45분) 안에 흥미 유발, 자기성찰, 배움의 확장, 삶과 연결 짓기까지 할 수 있는 수업 방법을 찾다가 그림책을 발견했습니다. 최근 토론, 토의, 논쟁 수업을 그림책으로 시작하면 아이들 참여가 더욱 활발하게 이루어지기 때문에 교사의 고민을 덜어주는 고마운 존재로 그림책 수업이 인기입니다. 성교육에서 그림책을 활용하는 것은 다른 교과와는 조금 다릅니다. 대부분의 교과는 그림책의 글과 그림에 온전히 기대어 수업이 진행되지만, 제가 성교육에 활용할 때는 수업 주제나 성취 기준에 따라 다르게 활용됩니다.

2020년에 디자인한 수업 '디지털 성범죄 예방(중등)'을 예로 들겠습니다. 'n번방 사건'으로 체계적이고 지속적인 학교 성교육에 대한 요구가 커지고 있어서 디지털 성범죄 예방 수업 성취 기준을 다음과 같이 설정했습니다.

1. 나도 모르게 가해자가 되지 않으려면 어떻게 해야 하는지 알기
2. 피해를 인지했을 때 피해자로서 즉시 할 수 있는 일들 알아두기
3. 문제 있는 성 문화와 해결방안 찾아보기
4. 피해자 입장에서 고통 공감하기
5. 온라인 공간에서도 방관자가 아닌 목격자 역할 하기
6. 온라인 그루밍 디지털 성범죄의 위험성과 대처법 숙지하기
7. 모두 함께 안전하게 사춘기를 보내기 위해 내가 할 수 있는 일을 행동하기(공동체 역량 강화)

3차시에 걸쳐 이 수업을 진행했습니다. 사춘기에 부모님과 대화가 단절되고 학교에도 친한 친구가 없다면 그 아이는 온라인에서 관심을 받으려고 애쓸 수밖에 없습니다. 그래서 일곱 번째 성취 기준으로 '모두 함께 안전하게 사춘기를 보내기 위해 내가 할 수 있는 일 행동하기', 즉 공동체 역량 강화를 정했습니다. 우리 모두 겪고 지나가는 이 사춘기, 지금 한창 겪고 있는 친구가 주위에 있다면 외롭게 하지 말자, 말을 걸어주고 옆에 있어 주자, 안전한 우리들 곁을 떠

나 나쁜 어른들 눈에 띄게 하지 말자, 라고 풀어낸 것입니다. 이 수업 마지막 마무리 단계에서 그림책 『감기 걸린 물고기』를 활용했습니다. 아이들에게 깊은 인상을 남기고 싶었기 때문입니다. 이 수업은 183쪽, 디지털 성범죄 같은 사회적 이슈 수업하기 질문에서 자세히 나누겠습니다.

Q '성인지 감수성' 같은
새로운 개념을 다루는
수업이 궁금합니다

●

　새로운 단어나 개념은 교사에게 내면화가 되지 않았을 때, 가르치기 어렵습니다. 아직 누군가에게 설명할 준비가 되지 않았기 때문이죠. 교사가 충분히 이해한 다음 자신의 언어로 풀어낸다면 어렵지 않습니다. 교사 스스로가 어렵지 않게 설명할 수 있어야 아이들도 이해합니다.
　학교 성교육에서 '성인지 감수성'을 다루어야겠다고 결심하게 된 첫 번째 계기는 1학년 여학생이 성교육 첫 시간인 명화 활용 자기 성 개념 성찰하기 시간에 작성한 활동지 때문입니다.

　성이라는 말을 들으면 나는 노예가 생각난다.
　왜냐하면, 여자가 옷을 거의 다 벗은 채 무릎을 꿇고 남자의 턱을 만지고 있다.
　이것을 통해 여자는 남자의 성에 대한 노예가 됐다고 볼 수 있다.

　그림을 보면 자신의 몸은 검게 색칠했고, 남자의 몸에는 화려한 채색을 했습니다. 이 여학생이 접한 매체나 영상에서 성이라는 상황으로 들어가면, 여자는 남자의 노예처럼 되어 자기 자신은 없어져 버리더라는 뜻입니다. 이렇게 성을 배운 여성은 어른이 되어서도 심각한 문제를 겪게 됩니다.

　다음은 한 인터넷 포털 사이트에 올라온 질문입니다. 제가 성인지 감수성 수업을 고민하게 된 두 번째이자 결정적인 이유입니다.

　"그저께 낙태를 하고 오늘 관계를 했는데, 남자친구가 안에다 싼 거 같아요. 콘돔 끼다가 빼고 안에다 싸서 화장실 가서 안을 바로 씻었는데, 피임약 먹어야 하나요? 수술하고 2주 후에 검사하러 병원에 다시 오라고 하셨었어요. 그리고 수술 후 피임은 며칠 안에 해야 하나요?"

성인지 감수성이 높아져야 자신과 타인의 성을 존중하여 이와 같은 일을 예방할 수 있습니다.

수업에서 성인지 감수성의 개념을 설명할 때, 사전적 표현대로 '성별 차이로 인한 차별과 불균형'의 시각으로 접근하면 언어 표현으로 인한 심리적 반발 때문에 배움을 방해할 가능성이 큽니다.

대상자(특히 남성)로 하여금 잠재적인 차별이나 불평등을 유발하는 존재로 느끼게 함으로써 불쾌감을 주거나 반대로 대상자(특히 여성)로 하여금 실제 경험과 무관하게 내가 차별당하거나 불평등을 받고 있나 보다 혹은 가만히 있으면 나도 모르게 차별이나 불평등을 당하게 되나 보다, 라는 불편한 마음을 갖게 합니다. 그러므로 수업을 이런 부정적인 감정을 일으킬 수 있는 시각에서 접근하는 것은 바람직하지 않습니다.

성별을 떠나서 '상대방도 나와 같은 인격적, 성적인 존재라는 것을 인지하는(알아차리는) 민감성'으로 성인지 감수성을 설명하는 것이 부정적인 감정이 마중 나와 배움을 방해하지 않게 하는 소통입니다.

어떻게 수업을 진행하면 남녀가 함께 서로를 존중하면서 성인지 감수성을 제대로 배워 내면화하게 도울 수 있을까? 고민이 깊었습니다. 저는 김준호 선생님이 이끄는 '그림책사랑 교사모임'에서 여러 선생님과 그림책과 그림책을 활용한 수업을 함께 공부하고 있는데, 권현숙 선생님의 그림책 토론 수업 강의에서 오랫동안 고민해 오던 성인지 감수성 수업에 대한 아이디어를 얻었습니다.

주제: 옛이야기로 생각해 보는 성인지 감수성

『선녀와 나무꾼』(김순이 글, 이종미 그림, 보림출판, 2010)이라는 옛이야기 그림책을 활용한 수업입니다. 옛이야기는 오랜 세월 입에서 입으로 전해 오는 동안 각 시대상을 반영한 내용이 포함되었기에 여러 가지 버전이 있지만, 현대에 와서는 주로 어린이들을 대상으로 만들어져 원전보다 순화된 내용이 대부분입니다. 그중 『선녀와 나무꾼』은 재평가가 이루어지고 있는 대표적인 작품입니다.

먼저 교사가 그림책을 읽어줍니다. 수업에 들어가기 전 미리 읽어 보고, 강조해야 할 문장이나 여백, 주의 깊게 봐야 할 장면 등을 정합니다. 그림책은 앞표지부터 시작해서 뒤표지까지 모두 읽습니다. 저는 주제인 성인지 감수성에 대해 미리 설명하지 않고, 『선녀와 나무꾼』 이야기 안에서 자연스럽게 배울 수 있는 방식으로 수업을 디자인했습니다.

면지(책 표지와 본문 사이에 있는 종이)의 그림을 펼쳐 보여 주면서 우리 옛 그림 중 떠오르는 그림이 있는지 물어봅니다. 이야기의 배경이 된 깊은 산속을 묘사한 그림이라고 힌트를 주면 대개 안견의 「금강전도」를 연상해 냅니다. 『선녀와 나무꾼』 이야기에서 선녀와 나무꾼 외에 중요한 역할을 하는 캐릭터 하나가 있는데, 무엇일까요? 네, 사슴이죠. 계속해서 질문과 답을 주고받으며 아이들은 책 속으로 더 깊이 빠져듭니다.

"옛날 금강산 깊은 골짜기에 가난한 나무꾼이 어머니와 단둘이 살았어."

교사가 그림책 첫 문장을 읽기 시작하자 숨소리도 들리지 않을 정도로 모두 집중합니다. 중학교 2학년 교실에서요. 교사를 설레게 하는 분위기죠.

사냥꾼에게 쫓기던 사슴이 살려달라고 해서 나무꾼이 나뭇짐 속에 숨겨주었고, 사슴이 고맙다며 소원을 하나 들어주겠다고 하자 나무꾼은 고운 색시를 얻어 장가가고 싶다고 하죠. 사슴은 보름날 밤 선녀들이 목욕하러 내려오는 폭포를 알려준 뒤 날개옷을 하나 숨기고는 아이 넷을 낳을 때까지 절대 돌려주지 말라고 일렀어요. 사슴이 알려준 대로 날개옷을 몰래 숨긴 나무꾼은 날개옷을 잃어버린 채 울고 있는 선녀에게 다가가 자기 집으로 가자고 했고, 오갈 데 없게 된 선녀는 나무꾼을 따라갔습니다.

네, 우리가 잘 알고 있는 『선녀와 나무꾼』 내용입니다. 그런데 이 장면이 시선을 붙듭니다. 이 페이지를 펼쳐 들고 교실을 한 바퀴 돌며 모두에게 자세히 볼 수 있게 합니다. 그림책을 한 권 더 가져가 한 학생의 도움을 받아 두 사람이 같이 보여줘도 좋습니다. 여기서 주의할 점은 모둠별로 그림책을 미리 나눠 주면 교사가 읽어줄 때 듣지 않고 소란스러우니 교사의 그림책 읽기가 모두 끝난 후에 준비해간 여유분의 그림책을 나눠 주는 것이 좋습니다.

교사: 무엇이 보이나요?

학생: 선녀 표정이 슬퍼요.

교사: 또 무엇이 보여요?

학생: 하의 실종이에요.

학생: 나무꾼의 윗옷을 걸쳤어요.

학생: 저 상태라면 정말 나무꾼을 따라가는 것 외엔 방법이 없었을 것 같아요.

선녀는 언제나 하늘나라를 그리워했어요. 아이를 셋 낳고 살던 어느 날, 선녀는 나무꾼에게 날개옷을 한 번만이라도 입어보고 싶다고 말했어요. 나무꾼은 아이를 셋이나 낳았는데, 설마 도망가겠느냐는 생각에 숨겨두었던 날개옷을 선녀에게 꺼내 줍니다. 선녀는 날개옷을 입는 순간 곧바로 세 아이를 안고 하늘로 날아올랐습니다. 바로 표지의 이 장면입니다. 무엇이 보이는지 다시 물었습니다.

학생: 선녀의 표정이 단호하고 완전히 외면하고 있어요.
학생: 아이들은 아빠와 헤어지기 싫어해요.
학생: 선녀와 아이들이 모두 맨발이에요.
교사: 어떤 의미죠?
학생: 황급하게 도망가는 거예요!

이어지는 이야기 역시 우리가 알고 있는 내용입니다. 나무꾼은 사슴을 찾아가 도움을 요청했고, 사슴이 알려준 대로 하늘에서 내려온 두레박을 타고 몰래 하늘로 올라갑니다. 옥황상제는 나무꾼에게 세 가지 시험을 통과하면 하늘나라에서 살게 해주겠다고 했죠. 선녀의 도움을 받은 나무꾼은 아이들과 함께 하늘나라에서 살게 됩니다. 그러던 어느 날 나무꾼이 홀로 두고 온 어머니를 보고 싶다고 하자 선녀는 말을 내주어 다녀올 수 있게 하는데, 지상으로 내려온 나무꾼은 어머니와 재회한 후 어머니가 끓여준 호박죽을 먹습니다. 그런데 뜨거운 죽을 급하게 먹다가 떨어뜨리는 바람에 말이 놀라 펄쩍 뛰게 되고 나무꾼은 말에서 떨어져 결국 하늘나라로 돌아가지 못하게 된다는 이야기입니다. 책을 다 읽어준 후, 질문 만들기를 합니다.

교사: 책 내용 중에서 '왜 그랬을까?', '이건 어떤 의미일까?' 등 질문 만들기를 해봅시다. 함께 생각을 나눌 수 있게 열린 질문으로 해주세요. 개인별로 세 가지씩 질문을 만들고, 질문한 이유도 활동지에 적어주세요.

학생들이 2개 이상 질문을 작성했을 때쯤 모둠 활동으로 돌리고, 모둠에서 대표 질문을 선정하게 합니다. 대표 질문을 정했으면 앞으로 나와 칠판에 적게 합니다. 이때, 앞서 나온 모둠의 질문과 비슷한 질문은 피해서 적도록 하면 아이들은 선착순으로 생각해 재빠르게 작성하려는 경향을 보이므로 수업이 더 활기차게 진행됩니다.

1. 선녀는 도망가 놓고 왜 하늘나라 시험에서 곤란을 겪는 나무꾼을 도와주었을까?
2. 엄마 품에 안겨 하늘로 올라가는 아이들 마음은 어땠을까?
3. 옥황상제는 나무꾼에게 왜 하늘에서 살 기회를 줬을까?
4. 옥황상제는 왜 딸을 납치범에게서 구해주지 않았을까?
5. 모든 등장인물이 함께 행복하게 살 수 없었을까?
6. 이 이야기에서 사슴의 존재는 어떤 의미일까? 사슴은 어떻게 모든 걸 다 알지?

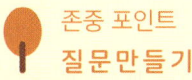
존중 포인트
질문만들기

수업 참여가 잘 안 되는 학급이나 초등학생의 경우 질문 만들기를 어려워할 수 있어요. 이렇게 기대한 것처럼 수업이 진행되지 않을 때, '저 선생님은 수업에 능숙해서 아이들이 잘 참여한 것이군. 나한텐 무리야.'라고 너무 빨리 포기하지 말고, **어떻게 하면 아이들이 잘 이해하고 참여하게 할 수 있을까? 고민해 보세요.** 새로운 주제 수업을 새로운 수업 방법으로 시도하는 단계에서는 저도 좌절할 때가 종종 있습니다. 그러나 고민하고 찾다 보면 항상 길이 있었습니다. 이 발문도 그렇게 해서 발견한 것입니다. 질문 만들기 방법을 한 번 더 풀어서 설명해주었습니다.

교사 : 여러분, 선생님이 그림책 읽어줄 때, 옛날 사람의 관점에서 들었어요? 아니면 2020년을 사는 중학교 2학년 나의 관점에서 생각했어요?
학생 : 2020년을 사는 중학교 2학년 나의 관점에서요.
교사 : 그렇죠. 현재 나의 관점에서 생각하고, 등장인물을 중심으로 질문을 만들어 보세요.

이렇게 질문을 쉽게 한 번 더 풀어주면 초등학교 5, 6학년 학급에서도 의미 있는 질문이 쏟아집니다.

여기서 옥황상제와 사슴에 관한 질문도 중요하므로 모둠 대표 질문에 없는 경우, 관련 질문을 만든 학생이 있는지 물어보고 추가로 칠판에 적도록 합니다.

교사가 질문을 하나씩 읽으면서, 질문한 모둠에게 질문한 이유는 무엇인지 활동지에 적은 것을 읽어달라고 합니다. 먼저 칠판에 기록한 질문과 비슷한 질문은 피하게 했기 때문에 평소 적극적으로 발표하지 않던 학생의 목소리를 들을 수 있는 기회입니다. 약간 쭈뼛거리더라도 발표할 때까지 기다려주세요. 아이들과 나눈 이야기를 덧붙이겠습니다. 학생들이 모은 의견입니다.

 활동 예

1. 선녀는 도망가 놓고 왜 하늘나라의 시험에서 나무꾼을 도와주었을까?
   → 자식 때문에. 어쨌든 아이들 아빠니까.

2. 엄마 품에 안겨 하늘로 올라가는 아이들 마음은 어땠을까?
   → 놀라고 슬펐을 것 같다. 그런데 나무꾼이 하늘로 올라왔을때 아이들이 아빠를 좋아하는 것을 보니 선녀가 나무꾼이 한 짓을 아이들에게 말하지 않은 것 같다. 어른들의 이혼에 대해 우리가 뭐라고 하면 안 될 것 같다.

3. 옥황상제는 나무꾼에게 왜 하늘에서 살 기회를 줬을까? (도움 필요)

➡ 친아빠가 아닌가?

➡ 옥황상제도 가부장제를 누리고 산 남자여서.

➡ 옥황상제가 기회를 준 사람은 나무꾼이 아니라 선녀인 것 같다. 옥황상제도 여성으로서 심한 고통을 겪은 딸과 속 깊은 대화를 나누기 어려웠나 보다. 선녀가 도와주지 않으면 시험을 통과하지 못할 것을 알아서 딸에게 선택할 기회를 준 것 아닐까?

4. 옥황상제는 왜 딸을 납치범에게서 구해주지 않았을까?

➡ 가부장제 사회에서 여성의 지위, 여성의 인격은 남성과 동등하지 않았고, 사냥꾼에게 쫓기는 사슴을 도와준 착한 나무꾼에게 선물로 주어진 존재였다. 심지어 보쌈 문화도 있었다. 보쌈당해 하룻밤이 지나면 더럽혀진 여자 취급을 받았고, 집으로 돌아갈 수 없었다.

이쯤에서 '성인지 감수성'에 대해 설명합니다. 상대방도 나와 같은 성적·인격적 존재라는 것을 알아차리는 민감성이 높아야 모두 함께 행복할 수 있습니다.

5. 모든 등장인물이 함께 행복하게 살 수 없었을까? (도움 필요)
→ 하늘나라에서 귀하게 자란 선녀가 갑자기 며느리가 되어 시집살이하면서 고부갈등이 있었을 것 같다. 그래서 나무꾼은 혼자 두레박을 탄 것 같다. 원래 친가와 외가는 같이 살지 않는다.

6. 이 이야기에서 사슴의 존재는 어떤 의미일까? 사슴은 어떻게 모든 걸 다 알지?
→ 가부장제의 남성 중심 사회에서 가장인 나무꾼을 범죄자로 만들기는 어려웠을 것 같다. 나무꾼이 나쁜 사람이어서 선녀를 납치하고 강간(일 수도)한 것이 아니라, 사슴이 시켜서 한 짓이라는……나무꾼의 범죄 행위를 정당화하는 존재가 사슴인 것 같다.

학생들은 늘 새로운 것을 배우는 입장이기 때문에 성인지 감수성 개념을 처음 접하면서도 어려워하지 않았습니다. 성인지 감수성 수업을 마친 후 학생들이 남긴 소감입니다.

"성인지 감수성에 대해 배우고 난 뒤에 나와 다른 이성에 대해서 조금 더 진지하게 생각할 수 있게 되었다. 나랑 다른 성을 가진 사람들을 조금 더 생각하고 존중할 것이다."

"옛이야기에 녹아 있는 범죄와 차별에 대해 알게 되었다. 성인지 감수성이 높게 살아야 나를 포함한 모두가 건강하고 아름답게 살 수 있다는 생각이 들었다. 아이들이 많이 읽는 옛이야기인데, 아이들이 나무꾼의 행동이 잘못된 것을 모르면 어떡하나 걱정이 됐다."

"평소에 그냥 읽으며 넘어갔던 부분이 알고 보면 선녀에게 큰 상처를 주는 나무꾼의 행동이었다는 것을 알게 되었다. 질문을 만들며 책 내용을 깊게 파고들 수 있어 좋았다."

"선녀와 나무꾼은 서로의 생각에 대해 좀 더 자세하게 물어봤어야 했던 것 같다. 잘 아는 옛이야기를 통해 성인지 감수성에 대해 알게 되어 좋았다."

"짧은 동화 하나를 읽고 이렇게나 많은 생각과 질문을 할 수 있다는 것을 처음 알게 되었다. 이제부터는 짧은 동화를 읽을 때도 깊게 생각해 봐야겠다."

Q 이성 교제 수업이 부담스러워 교과서의 단원을 건너뜁니다

　이성 교제는 민감한 수업 주제임에는 틀림이 없습니다만, 그만큼 학생들이 기대하는 주제이기도 합니다. 다음 시간쯤이면 이성 교제 단원을 할 줄 알았는데, 그냥 건너뛴다면 얼마나 실망할까요? 이성 교제 중이거나 이성 교제 경험이 있는 학생들을 불편하지 않게 하면서 안전한 스킨십과 이별에 대해 알려주고 싶었습니다. 아이들이 안전하면서도 마음을 열고 참여할 수 있게 하려면 어떻게 수업을 디자인할 것인가 고민을 안고 여러 연수를 기웃거리다가 시(詩)와 그림책에서 찾았습니다. 스토리의 힘을 이용하는 것입니다.

　중학생이 되면 벌써 여러 명과 교제한 경험이 있는 학생도 있지만, 이성 교제 경험이 전혀 없는 학생이 더 많습니다. 이런 상황에서 이성 교제에 관해 이야기하자고 하면 자칫 마녀사냥이 될 수도 있습니다. 네가 사귀어 봤으니 이야기해 봐라, 진도는 어디까지 나갔냐, 이런 식이 되어버리면 누군가에게 그 수업은 위로는커녕 폭력이 될 수 있습니다. 충분히 예상할 수 있는 이런 문제들 때문에 선생님들이 부담스러운 것이죠. 그래서 저는 시를 통해서 모두가 자연스럽게 참여할 수 있게 이야기 속으로 들어갔습니다. 박성우 시인의 청소년 시집 『난 빨강』(창비, 2010)에 수록된 시 중에서 「두고 보자」를 활용했습니다.

두고 보자

박성우

이 년 사귄 오빠한테 차였다

뭘 잘못했는지도 모르면서
잘못했다고 한 번만 봐달라고
싹싹 빌기까지 했지만, 매몰차게 차였다

손잡고 걷자고
어깨동무하고 앉자고
뽀뽀 한 번만 하자고
가슴 한 번만 만져보자고,
애걸복걸 조를 때는 언제고
더럽고 치사하게

나 말고 좋아하는 애가 생겼다는 거다

내가 싫어졌다는 말이 귀에서 윙윙대고
다른 여자애랑 키득거리고 있을 거 생각하면
성질 뻗치고 자존심 상해서 미칠 것 같다

안 울려고 해도 자꾸 눈물이 난다

두고 보자는 사람 하나도 안 무섭다지만
새로 사귀는 애랑 얼마나 잘되는지 두고 보자
이 더럽고 치사한 거지 똥구멍 같은 녀석아!

함께 시를 읽고 난 후, 거부감이 드는 부분과 마음에 드는 부분을 고르고 그 이유를 활동지에 적게 합니다. 그러고 나서 한 행씩 읽고 '이 부분이 마음에 드는 사람?' '이 부분이 거부감 드는 사람 손들어 볼까요?' 물어봅니다. 특별히 숨지 않는다면 반 전체 학생들이 모두 두 번씩 말하게 됩니다. 자칫 수업이 느슨해지지 않도록 발표가 끝나면 다른 반에서 나온 재미있는 표현을 메모했다가 읽어주는데, 감탄과 웃음이 끊이지 않습니다.

 **활동 예**

싹싹 빌기까지 했지만, 매몰차게 차였다
거부감이 드는 이유: 연인 사이에서는 두 사람이 평등한 위치에 있어야 하는 데 싹싹 빌고 잘못했다고 하는 것이 두 사람 중 누구는 갑, 누구는 을인 것 같은 느낌이 들기 때문.

새로 사귀는 애랑 얼마나 잘되는지 두고 보자
이 더럽고 치사한 거지 똥구멍 같은 녀석아!
마음에 드는 이유: 차였지만, 이 여자는 '내가 뭐가 모자라서? 내가 뭘 잘못했나? 질렸나? 내가 어디 밉보였나?'라고 자신을 탓하지 않고 딴 여자를 마음에 둔 그 남자를 미워하고 욕해서 시원했다.

"시(「두고 보자」)에서처럼 사귀는 남자(여자)친구가 자꾸 부담스러운 스킨십을 하려고 합니다. 나라면 어떻게 해야 할까요?"
활동지에 의견을 적게 하고 모둠에서 나누게 합니다. 그리고 반 전체와 함께 나누고 싶은 좋은 의견을 추천받아 공유합니다.

이렇게 시 「두고 보자」를 활용하여 이성 교제 시 부모와 교사가 가장 염려하는 스킨십에 대해 아이들이 깊이 있게 생각해 보고 남과 여의 생각 차이를 자연스럽게 함께 나누는 시간을 가졌습니다.

존중 포인트
사귀는 사이라면 스킨십이 당연한 걸까요?

한 선생님이 초등학교 6학년을 대상으로 한 학생 활동지에서 이렇게 발문했습니다.

"스킨십, 어디까지 가능하다고 생각하나요?"

그리고 수업 들어가기 전에 동료 교사로부터 발문이 적절치 못하다는 말을 들었다고 합니다. 어느 부분이 동료 교사를 불편하게 했을까요?

'어디까지'는 행위를 전제한 것이기 때문에 선생님의 발문은 학생들에게 스킨십을 당연한 것으로 여기게 할 수 있습니다.

또한 초등학교 이성 교제 수업에서 교사가 스킨십이라는 단어를 처음부터 자연스럽게 사용하기보다는 학생들이 먼저 표현하게끔 하면 어떨까요?

"여러분, 모든 사귀는 남녀 사이에서 반드시 넘어야 할 산이 하나 있습니다. 이걸 잘 넘어가야 두 사람 모두 안전하고 함께 행복할 수 있어요. 뭘까요? 영어로 된 표현이에요."

이렇게 질문하면 대부분 아이들이 '스킨십'이라고 대답합니다.

"오늘은 여러분이 말하는 그 '스킨십'에 대해 한번 이야기해 볼까요?"

이렇게 자연스러운 분위기 속에서 대화를 이어갈 수 있게 되는 것이죠.

시 「두고 보자」는 초등학교에서 활용하기에는 수위가 높은 편이라 적절치 않습니다. 여러 동시집을 살펴보며 초등 수업에 사용할 만한 시를 찾던 중에 제 연수에 참여한 선생님들이 덕목(버츄) 카드를 활용하여 이성 교제를 주제로 한 시 쓰기로 접근한 사례가 굉장히 흥미로웠습니다. 특히 초등학교 6학년 학생이 쓴 시 한 편이 제 마음을 붙들었습니다.

변하면 안 돼

너와 내가 만나고 일주일
한 달
1년
2년이 지나도 넌 변하면 안 돼

너와 나 사이에 권태기라는 건 없어야 해
다른 남자들은 다 변한다 해도
넌 변하면 안 돼

변하지 말고 나한테만 잘해주고
나한테만 친절해

무엇이 떠오르세요? 저는 '집착'이 떠올랐습니다. 사춘기 아이들은 동성, 이성을 가리지 않고 친구 관계에 집착하는 경향이 강합니다. 이 집착으로 인해 많은 문제가 발생하고 서로 깊은 상처를 주고받습니다. 그래서 수업에서 '관계'에 대해 함께 생각해 보는 시간을 주고 싶었습니다. 이성 교제는 특별한 환상의 어떤 관계라기보다는 사람과 사람 간의 인격적인 관계이며, 자신에게 의미있는 사람과 관계를 잘 맺을 수 있어야 이성 간의 교제에서도 건강한 관계를 맺을 수 있습니다. 아직은 남의 일 같은 이성 간 교제에 국한하기보다는 자신의 삶과 닿아 있는 현재 자신에게 가장 의미있는 관계에 대해 생각해 보는 시간입니다. 그러나 부담스럽지 않게, 고통스럽지 않게, 말랑말랑한 시간으로 채우고 싶어서 저를 도와줄 만한 그림책을 찾느라 품이 많이 들었습니다. 그렇게 찾아낸 그림책 『똑, 딱』을 활용하여 관계 맺기를 다룬 수업을 소개합니다.

주제: 사랑하는 사람과 행복하게 지내는 비결

우리는 모두 태어나면서부터 관계를 맺게 됩니다. 부모-자식, 할아버지·할머니-손자·손녀, 이모·고모-조카…… 우리는 관계를 떠나서는 살 수 없고 어떻게 관계를 맺느냐에 따라 삶의 질이 달라질 수 있어 우리 삶에 관계는 중요합니다. 특히 친구, 부모, 자식, 부부, 연인 등 사랑하는 사이일수록 관계 맺기를 잘해야 행복합니다. 이 책은 소중한 관계일수록 적정 거리가 필요하고, 아무리 가까운 사이여도 항상 마음이 같을 수는 없다는 것을, 그에게 자기 자리를 찾아갈 자유를 주어야 서로에게 힘이 되는 존재로 계속 함께할 수 있다는 것을 깨닫게 합니다.

「똑, 딱」(원제: Clic et Cloc)
(에스텔 비용-스파뇰 글 그림, 여유당, 2018)

먼저 표지의 제목을 메모지로 가리고 제목 맞히기부터 합니다.

이 제목은 두 글자로, 한 글자씩 따로 쓰이기도 하지만, 두 글자가 같이 쓰일 때가 많고 그것이 아주 자연스러워요. 힌트로 시계추가 왔다 갔다 하는 동작을 취하면 대개 여기서 맞히는데, 마지막 힌트는 교실의 벽시계를 가리키죠.

이어서 표지에 등장한 두 캐릭터의 관계를 추측하게 합니다.

똑이와 딱이는 같은 날 아침 같은 나무 위 알에서 태어났고 세상에 둘도 없는 친구가 되었어요. 책에서는 다른 존재들은 흑백으로 그렸고, 두 똑이와 딱이만 색이 있는 존재로 시작합니다. 그러던 어느 날 딱이가 사라졌어요. 울면서 사방으로 딱이를 찾아다니던 똑이는 다른 새들과 행복하게 날아다니며 놀고 있는 딱이를 발견합니다. 이 장면에서는 딱이와 놀고 있는 새들이 화려하게 채색되어 있어요. 아이들이 아! 나지막이 신음하듯 반응하는 장면입니다.

'내가 없어도 딱이가 행복하다니.'

똑이는 깊은 슬픔에 빠졌는데, 꽃 한 송이가 바로 앞에서 자라나는 광경을 보게 되면서 슬픔을 잊게 되어요.

슬픔을 잊는 데 걸린 시간이 새싹 하나가 꽃으로 피어날 동안이었어요. 시간이 꽤 걸린다는 것을 흥미롭게 표현했죠.

그리고 가장 슬플 때 자신에게 가장 의미 있는 것을 발견했어요.

이제 반대로 딱이가 똑이를 찾아요. 만나자마자 딱이는 높이 날게 된 것을, 똑이는 땅에서 솟아오른 꽃을 본 것을 서로에게 신나게 들려줍니다. 그날 이후 똑이와 딱이는 각각 자기가 좋아하는 것에 집중했고, 매일 밤에 만나 서로의 이야기를 들려주었어요.

"누가 떠올랐나요?"
"그 사람에게 하고 싶은 말을 시로 표현해 봅시다."

시 쓰기 활동에 이어 관계에 대해 생각해보는 시간입니다.
"어떤 관계가 기쁨이 되고 힘이 될까요?"
"최근에 관계가 힘들었거나 관계에 대해 고민이 있는 사람은 반 친구들이 중요하게 생각하는 게 무엇인지 한번 잘 들어봅시다."
'ㄹ' 자로 돌아가며 학급 전체에게 자신에게 기쁨이 되고 힘이 되는 관계에 대해 활동지에 적은 것을 읽어달라고 합니다. 중요한 포인트인데, 아이들의 목소리가 들릴 듯 말 듯 떨리기도 합니다. 그래서 한 명씩 발표할 때마다 교사가 다시 한번 반복해서 들려주는 것이 좋습니다.

 나에게 기쁨이 되고 힘이 되는 관계 활동 예

- 서로 위로해주고 고민을 들어줄 수 있는 관계
- 서로를 동등하게 여기고 존중해주는 관계
- 굳건히 옆에서 힘이 되어주는 사람
- 서로에게 적절한 선을 지키고 사생활을 침해하지 않는 관계
- 서로 마음을 알아주는 관계
- 이해할 수 있는 편안한 관계
- 무엇이든지 함께 나눌 수 있는 관계
- 서로서로 믿고 의지하는 관계
- 힘들면 도와주고 위로해주며 서로의 감정을 이해해주고 공감해주는 관계
- 나와 잘 맞고 자신의 잘못을 잘 인정할 수 있는 관계
- 불안하지 않고 내가 마음 편히 믿고 의지할 수 있는 관계
- 서로 갈등도 있지만 서로 도움이 되어주는 관계가 힘이 된다.

그림책 『똑, 딱』을 함께 읽으며 생각나는 사람에게 하고 싶은 말을 시로 적어 보았습니다. 각자 활동지에 썼던 시를 카드에 옮겨 적습니다. 예쁜 카드(컬러 색지 120그램, A4 1/2 크기, 모서리 모양 펀치로 장식)를 준비하여 나눠 주었고, 각자 기념으로 가지게 했습니다.

다음은 아이들이 활동지에 적어 준 시와 시를 쓴 후의 느낌입니다.

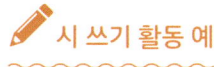 시 쓰기 활동 예

고마워

내가 너희에게 다가갔을 때 받아줘서 고마워
내가 힘들고 지쳤을 때 위로해줘서 고마워
내가 무너지려고 할 때 일으켜줘서 고마워
내가 울 때 곁에서 안아줘서 고마워

우리가 전부 다 내년에도 같은 반일 수는 없겠지만
그곳에서도 지금처럼 누군가의 고마움의 대상이 되길 바라
고맙고, 사랑한다

(**시를 쓰고 난 느낌**: 시를 쓰는 게 처음에는 살짝 부담스러웠지만 하고 나니 너무 좋았다.)

꽃이 피고 진 그 자리

다 잊었니
말없이 다 잊었니
평생 함께하기로 약속했는데
영원한 건 없지

좋아하는 마음은 식더라도 사랑으로 함께하는 게
꽃이 시들지 않게 물을 계속 주는 것과 같은 것 같아
꽃이 피면 그 자리에서 지겠지
난 아직도 그 자리에 있어

이젠 나도 이 자리를 떠나려고 해
꽃이 피고 진 그 자리를 가장 아름답게 만들기 위해

(**시를 쓰고 난 느낌**: 서로 다름을 존중해줘야 하고, 연애하면서 성장한 것을 깨달았다.)

이 여학생의 시에는 한 시간 수업하는 동안 아이의 감정이 어떻게 변화하며 성장하고 있는지 고스란히 보입니다. 한쪽 팔로 아무도 보지 못하게 가리고 얼마나 집중해서 쓰던지.

먼저 용기 내면

네가 먼저 말을 걸면
나는 대화를 이어 나갈게
네가 먼저 사과하려고 다가오면
내가 먼저 사과할게
너도 내가 용기 내면
그렇게 해줄래?

(**시를 쓰고 난 느낌:** 친구들에게 힘이 되고 기쁨이 되는 관계가 무엇인지 확인할 수 있어서 좋았다. 나도 그 친구들에게 기쁘고 편한 친구가 될 수 있었으면 좋겠다.)

친구

서로 믿고 배려하는 친구
서로를 위해 희생하는 친구
난 왜 이런 친구가 없을까

(**시를 쓰고 난 느낌:** 이번 시간이 우리에게 가장 현실적으로 조언해 준 수업 같다.)

서운해

다른 친구들과 노는 거 보면 서운해
다른 친구들에겐 생일 축하해 줬으면서
내 생일엔 문자 한번 없었던 거 서운해

하지만 나만 서운해하는 것 같아
학교가 다르니까 이런 상황은 당연한 것 같지만
그래도 서운해

이젠 나도 서운해만 하지 말고 용기 내어
먼저 말을 걸어볼게

(**시를 쓰고 난 느낌**: 하고 싶은 말을 직접 시로 써 봐서 특별한 수업이었다. 기억에 남을 것 같다.)

시를 쓰면서 서운함을 쏟아낸 이 학생은 마침내 용기 내어 먼저 다가갈 힘을 얻은 것 같죠? 시 수업의 매력에 제가 눈을 뜨게 되었습니다.

무서워

너무 무서워
너랑 사이가 멀어질까 봐
영문도 모른 채
서서히 멀어질까 봐
너무 무서워

아무것도 아닌 일로
갑자기 멀어질까 봐
너무 무서워
어른이 되어서도
항상 친할 거라고 생각했는데
그게 아닐 수도 있을까 봐
너무 무서워

(**시를 쓰고 난 느낌**: 상대에게 힘이 되는 관계가 되도록 내가 먼저 노력해야겠다.)

친구와의 관계로 인한 상처로 갈등을 회피하는 습관은 성인기까지 이어지기도 합니다. 기다리지 말고 먼저 적극적으로 다가가는 것이 문제 상황에서 벗어나는 최선의 방법이라는 것을 알려주세요. 이 아이는 시를 쓰는 동안 자기 자신의 감정을 직면하면서 최선의 방법을 스스로 발견했습니다.

아빠

우리 집 가장인 우리 아빠
하루 종일 힘들게 일한
우리 아빠에게
해줄 수 있는 일이 없어
마음이 아프다

(**시를 쓰고 난 느낌**: 내가 사랑하고 좋아하는 사람에 대해 한 번 더 생각해 보니 마음속이 편해진 것 같다.)

이 남학생은 눈에 띌 때마다 어둡고 근접하기 힘든 분위기를 풍기는 아이였는데, 시를 읽으며 참 따뜻한 아이라는 걸 알게 돼서 이후로는 아이의 표정과 무관하게 먼저 말을 걸었고, 더 보살펴 주려고 신경을 썼습니다. 연말쯤 되니 저를 바라보는 아이의 눈빛이 한결 부드러워진 것이 느껴지더군요. 학생은 누구든 사랑과 관심을 필요로 한다는 사실을 일깨워준, 저를 성장하게 해 준 아이입니다.

물을 쏟아버린 컵

물을 쏟아버린 것처럼
말 한마디도 물처럼 쏟아진다.
물을 쏟아 꾸중을 듣는 것처럼
네가 뭐라 해도 할 말 없네.
주워 담을 수 없는 건 변하지 않고
실수를 저지른 것 또한 변하지 않는구나.
미안해.

(**시를 쓰고 난 느낌**: 친구와의 관계에 대하여 다시 한번 생각해 보았고 내가 하는 말에 신중해야 한다는 것을 깨달았다.)

미안해

내가 많이 힘들게 했지
집착하고 질투 많은 나여서 너무 미안해
더 좋은 나로 되어 꼭 다시 돌아갈게
그땐 다시는 이별하지 말도록 내가 더 잘할게

(**시를 쓰고 난 느낌**: 열심히 살겠습니다!)

아이들의 시를 읽어 보니 어떠세요?

활동지를 걷어와 한 장씩 읽으면서 뭉클, 아련, 감동, 훌쩍…… 아이들의 시가 투명하고 참 근사했습니다. 국어 시간에 아이들에게 시 쓰기를 가르쳤던 선생님께 덕분에 좋은 시를 감상할 수 있었다고, 선생님 시 수업의 수혜자가 되어 감사하다고 인사를 전했습니다.

그림책의 스토리를 이용하여 마음을 열고, 이성 교제 수업을 '관계'로 넓게 접근하여 사랑하는 사람과 행복하게 지내는 비결로 진행하는 것, 흥미와 감동을 다 잡을 수 있겠죠?

수업 소감 중에 "내 주위에는 소중한 관계가 없다고 생각했는데, 있어서 놀랐다."라고 쓴 학생이 있는데, 이 아이는 시를 쓰면서 가족을 발견했습니다. 잊고 있었나 봅니다.

이처럼 아이들이 자신의 마음을 깊이 들여다볼 수 있게 하려면 아이들의 시를 공개하지 않아야 합니다. 옆반이나 다음 학년 수업에 예시나 익명으로도 공개하지 않아야 아이들이 안심한 상태에서 자신을 직면하고 울림이 있는 시로 풀어낼 수 있습니다.

Q 디지털 성범죄 같은 사회적 이슈에 대해 어떤 방식으로 수업해야 '꼰대'라고 하지 않고 제대로 들어줄까요?

●

한 텔레비전 프로그램의 길거리 인터뷰 장면을 봤습니다.
"누가 꼰대인가요?"
리포터의 질문에 지나던 학생이 이렇게 대답했습니다.
"어른은 다 꼰대죠."
세대 간 격차가 갈수록 심해지는 있는 현실을 보고만 있기에는 교사들은 학생들과 너무 가까이에 있습니다.

대화가 잘되지 않는 아이들조차 어른들(부모, 교사)이 자신들을 지켜줄 것으로 기대하고 있습니다. 보이지 않는 곳에서 어떤 위험한 상황에 처해 있는지 전혀 말해주지 않으면서도 말이죠. 2020년에 이슈가 되었던 'n번방 사건'을 예로 사회적인 성적 이슈 교육 방법에 대해 나누겠습니다. 이 수업안은 교육부 요청으로 디지털 성범죄 예방 교육자료(중등편)로 개발한 자료입니다.

텔레그램 n번방에서 아동·청소년 성 착취물을 구매한 131명이 입건되었는데, 그중 대부분이 20대(79.4퍼센트), 10대(5.4퍼센트)라고 했습니다. (2020년 7월 11일 서울신문)

디지털 성범죄 가해·피해 방지에 관한 교육에 관심을 기울이지 않는다면, 현재 중·고등학생들도 위 뉴스에 나오는 인생 선배들과 유사한 길을 걷게 될 가능성이 있습니다. 저들이 누리던 문제 있는 성문화를 그대로 답습하며 살아가게 될 테니까요.

사회적으로 이슈화가 되었을 때가 교육하기 좋은 골든 타임입니다. 배울 준비가 되어 있기 때문이죠. 교사가 이끌고 싶은 방향의 짧은 기사나 영상을 선택하여 함께 읽거나 본 후 질문을 주고받으며 대화를 나누는 것으로 시작합니다. 여기서 교사가 주의해야 할 부분은 단어 선택과 눈빛입니다.

아이들이 거부감을 가지지 않게 다가가려면 뒷말을 듣지 않아도 무슨 내용일지 알 것 같은(고리타분하게 여겨지는) 단어 대신 다른 표현을 사용합니다. 예를 들면 SNS 하지 마라, 게임 할 때 채팅은 위험하다, 답글은 보지 마라, 이건 된다, 저건 안 된다 식의 이분법적 표현을 쓰는 대신 아이들 스스로 'SNS를 줄이는 게 필요하겠구나' 느낄 수 있도록 접근하는 거죠. 그리고 성급한 충고나 조언, 평가, 판단 등을 하지 않는 태도와 눈빛으로 일관성 있게 대화합니다.

디지털 성범죄 예방을 위한 세 차시 수업을 소개합니다. 본 수업은 한 개 차시만 별도로 진행하기보다는 순차적으로 세 차시 모두 진행할 경우 효과적이며, 디지털 성범죄 예방 교육 전반에서 가해 예방, 성 문화를 분별하고 온라인 공간에서도 목격자로 행동하기, 피해자 입장에서 고통 공감하기 그리고 모두 함께 안전하게 사춘기를 보내기 위한 공동체 역량 강화를 강조합니다.

1차시: 디지털 성범죄 가·피해 예방 및 대처법
2차시: 문제 있는 성 문화 분별하기 및 온라인 공간에서 목격자 역할하기
3차시: 온라인 그루밍 디지털 성범죄 대처 및 피해자 고통 공감하기

2020 법무부 중고등용 디지털 법교육 자료에 의하면 디지털 성범죄는 피해가 무제한으로 확대될 수 있고, 영구 삭제가 거의 불가능하며, 불특정 다수가 피해에 노출될 뿐만 아니라 자신이 피해자라는 사실을 모르는 경우도 많습니다. 촬영자, 시청자, 다운로드, 댓글로 성희롱하는 등 가해자 수가 많고, 이러한 다수의 익명 동조자들도 범죄로 인식하지 못하며, 죄책감이 적은 특징이 있습니다. 즉 익명의 소비자가 네트워크를 통해 쉽게 가해자가 되고, 가해자의 연령대가 낮아지고 있는 것이 디지털 성범죄의 특징입니다.

1차시: 디지털 성범죄 가·피해 예방 및 대처법

성폭력 예방은 학생들이 유치원에서부터 계속 배워오고 있는 주제인데요, 이미 남학생들 사이에서는 교사가 남성을 잠재적 가해자로, 여성을 잠재적 피해자로 보고 있는 것이 아닐까 하는 불편한 감정이 있습니다. 이 점을 유의해서 진행합니다.

먼저 다음의 발문으로 마인드맵 방식의 모둠 활동을 진행합니다.

- 디지털 성범죄의 종류에는 어떤 것이 있나요?(유형)
- 나도 모르게 디지털 성범죄 가해자가 되지 않으려면 어떻게 해야 할까요?(가해 방지)
- 피해를 인지했을 때 피해자는 무엇을 할 수 있나요?(피해 대처 방법)
- 가해자는 어떤 책임을 져야 할까요?

디지털 성범죄의 유형에는 불법 촬영, 유포, 유포 협박, 지인 능욕(사진 도용 합성), 온라인 그루밍 등이 있으며, 성 착취 영상물을 다운로드해서 보는 것, 저장하는 것도 모두 피해자에게 같은 피해를 주는 범죄 행위입니다. 이 중에서 온라인 그루밍 디지털 성범죄는 온라인 채팅, 모바일 메신저, SNS를 통해 아동·청소년에게 접근하여 피해자를 유인하고 길들여 성 착취를 쉽게 하고, 피해를 알리는 것을

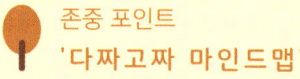
존중 포인트
'다짜고짜 마인드맵'

새로운 주제의 수업 디자인에 앞서 고민하는 지점은 '아이들의 사전지식, 즉 이해 수준이 어느 정도인가?' 하는 것입니다. 디지털 성범죄 예방 수업에서도 괜히 범죄에 대한 정보를 제공하는 건 아닐까… '그게 뭐예요?'라는 일차적 질문에 답하느라 수업 진행이 안 되면 어쩌나… 학생들의 사전지식 이해도에 관한 부분이 고민이었습니다.

학생들의 이해 수준을 파악하고, 학생 스스로 자신이 잘 모르고 있었다는 것을 인지함으로써 배움에 대한 호기심을 유발하기 위해 저는 먼저 마인드맵을 활용한 모둠 활동으로 수업을 시작하는데, 꽤 효과적입니다.

첫 번째 차시에 짧은 영상이나 기사글로 동기유발을 한 다음, 첫 활동으로 '다짜고짜 마인드맵'을 하는 것이죠. 단 마인드맵의 발문은 교사가 준비합니다. 발문을 준비할 때는 디지털 성범죄에 대한 응징이나 두려움을 강조하기보다는 대처에 대한 용기를 얻을 수 있는 방향으로, 긍정적인 감정 상태에서 생각해볼 수 있는 발문으로 이끌어 주면 무겁고 두려운 주제에 대한 수업일지라도 활기차게 수업을 진행할 수 있습니다. 예를 들어 이런 식으로 바꾸어 물어보는 것이지요.

* 피해자 지원 방법은? → **피해를 인지했을 때 피해자는 무엇을 할 수 있나요?**
* 법적 처벌에 대해 알아봅시다 → **가해자는 어떤 책임을 져야 할까요?**
* 가해 방지 방법은? → **나도 모르게 디지털 성범죄 가해자가 되지 않으려면 어떻게 해야 할까요?**

막는 행위를 뜻합니다. 13세~15세 청소년이 주 피해자이기 때문에 3차시에서 자세히 다룹니다.

  가해자가 되지 않기 위해 어떻게 해야 할지를 생각해 보는 활동 역시 학생들을 잠재적 가해자로 보는 것이 아님을 반드시 유의해야 합니다. 저는 "나도 모르게 가해자가 되지 않기 위해"라고 발문했더니 학생들의 거부반응이 없었고, 오히려 궁금해했으며, 배움이 일어날 준비가 되었습니다. '조심하지 않으면 나도 모르게 가해자가 될 수도 있겠구나.'를 스스로 깨닫게 되는 거죠.

  피해를 인지했을 때 피해자는 무엇을 할 수 있을까요? 디지털 성범죄 피해를 인지했을 때는 즉시 부모님이나 믿을 만한 어른에게 알려야 하는데, 만약 부모님이 여행 중이거나 집안 분위기상 말하기 힘든 상황이라면 포털 검색창에 '디지털 성범죄 피해자 지원센터'를 검색, 상담 신청하기를 작성하거나 같은 페이지에 나와 있는 24시간 상담 가능한 전화상담(02-735-8994)을 이용할 수 있습니다. 익명이나 닉네임으로도 상담 신청이 가능하다는 것을 강조합니다.

  가해자는 어떤 책임을 져야 할까요? 2020년 6월 2일부터 시행된 일명 'n번방 방지법'에서는 아동·청소년 성착취물에 관한 처벌을 강화하여 벌금형이 사라지고 모두 징역형으로 개정되었습니다. 아동·청소년 성착취물을 구입, 소지, 시청만 해도 1년 이상의 징역에 해당되고, 소지죄의 경우 취업 제한 명령 대상입니다. 모둠 활동 결과를 공유하는 중에 관련 법령에 대해 자세하게 알려줍니다.

디지털 성범죄 가해자가 되지 않는 방법

1) 피해 촬영물로 인식합니다	→ 불법 촬영물이 '야한 동영상'이 아니라 누군가의 '피해 촬영물'임을 인식합니다.
2) 궁금해하지 않습니다	→ 제삼자의 호기심으로 인해 피해자의 신고가 더욱 어려워지고, 유포가 확산될 수 있으므로 궁금해하지 않습니다. 이것은 2차 피해를 예방하는 방법입니다.
3) 불법 촬영물 유포에 대응합니다	→ 보지 않고, 다운로드하지 않습니다. → 증거채집 후 유포자를 신고합니다. 피해자 본인이 아니더라도 누구나 경찰 신고와 방송통신심의위원회 심의신청이 가능합니다.
4) 디지털 성폭력을 하지 않습니다	→ 불법 촬영 및 비동의 유포 피해 촬영물의 촬영자, 유포자는 저작권자가 아닌 성폭력 가해자이며, 이러한 행위는 모두 디지털 성폭력임을 알고, 하지 않습니다.
5) 음란물 중독에 빠지지 않습니다	→ 음란물을 보게 되면 점점 더 강한 자극으로 이어질 수밖에 없습니다. 음란물을 처음부터 보지 않는 것이 가장 좋은 예방 방법입니다.

출처: 디지털 성범죄 피해 지원보고서. 여가부/한국여성인권진흥원

2차시: 문제 있는 성 문화 분별하기 및 온라인 공간에서 목격자 역할 하기

세계 최대 아동 성 착취물 사이트가 적발되었는데, 38개국에서 이용자 338명이 붙잡혔습니다. 아동 성 착취물 유통 통로가 된 사이트 운영자는 한국인(23세)이었고, 이 사이트 전체 이용자 중 약 70퍼센트가 한국인으로 드러났습니다. (2019년 10월 17일 머니투데이)

'문제 있는 성 문화 분별하기'는 대학생 단톡방 사건, 기자 단톡방 사건, 연예인 단톡방 사건 등 디지털 성범죄 사건을 뉴스 화면에서 접할 때마다 꼭 수업에서 다뤄 보고 싶었던 주제였습니다. 온라인 공간은 앞으로 아이들이 더 많이 누리게 될 공간이기에 서로를 위한 선한 역할을 펼치며 안전한 공간으로 더 넓혀가야 합니다. 여기엔 도전과제가 필요합니다. 무엇이 위험한지를 알고 자신과 다른 사람들을 아낀다면 자신을 더 잘 보호할 수 있기 때문입니다.

교사: 웰컴 투 비디오 사건과 관련된 신문 기사를 함께 읽었습니다. 우리 사회의 문제 있는 성 문화를 찾아보고 해결 방안을 토의해 봅시다.(모둠 활동)

 **학생활동 예**

문제 있는 성 문화	해결 방안
성범죄의 심각성을 우리 국민이 인지하지 못함	체계적인 성교육, 성인지 감수성
성범죄 처벌이 약하다	벌금형을 없애고 최소 10년 이상 성범죄 공소시효를 없앤다
음주, 정신질환	감형하지 않는다
(법정에서) 가해자 반성 다시 적용하기	반성한다고 감형하지 않고 반성하지 않으면 더 심하게 처벌한다
음란물 사이트 접근 용이	인터넷은 주민등록번호나 학생증 번호로 로그인하고 입장 가능하게 한다
상대방의 정확한 동의, 허락 없이 행동하는 스킨십 문화	정확한 의사 표현하기와 동의 확인하기 교육
걸리지만 않으면 된다는 생각이 보편적이다	어릴 때부터 요행 심리나 도덕적 무감각에 대해 교육한다
성 착취 영상물 시청이 불법이라는 심각성이 없다	처벌 수위를 높여서 쉽게 유통하고 걸리더라도 금방 풀려날 수 있다는 생각을 하지 못하게 한다
피해자 고통에 대해 생각하지 않는다	성인지 감수성 높이기

교사: 여러분, 목격자와 방관자의 차이점은 뭐죠?

학생: 목격자는 피해자를 돕는 사람이고, 방관자는 피해자를 도와주지 않는 사람이에요.

교사: 그렇죠, 방관자는 가만히 있음으로써 피해자를 돕지 않았고, 결과적으로 누구에게 유리한 역할을 한 거죠?

학생: 가해자에게요.

교사: 네, 가해자는 상황을 목격하고 있는 사람들이 가만히 있으면 동의, 동조한다고 자기 편할 대로 해석해요. 그래서 멈추지 않는 것이고, 피해자에게 더 불리하게 진행돼요. 피해자도 다른 사람들이 가만히 보고만 있으면 자기가 잘못한 게 있다고 느끼게 되어 더 위축되고 힘껏 저항할 힘을 잃게 될 수 있어요. 여러분은 목격자가 되고 싶어요? 방관자가 되고 싶어요?

학생: 목격자요!

교사: 서로서로 목격자가 되어 주는 거예요. 그러면 우리 가족에게도 누군가가 목격자가 되어주는 문화가 만들어져 가는 거고요. 목격자 역할에는 어떤 것이 있나요?

학생: 신고해요.

학생: 피해자에게 필요할 수 있으니 영상으로 촬영해요.

학생: 하지 말라고, 옳지 않다고 큰 소리로 말해요.

학생: 피해자와 나란히 서서 씩씩거리며 가해자를 째려봐요.

학생: 다른 사람들에게 '함께 도와줍시다!' 호소해요.

학생: 피해자와 아는 사람인 척하고 함께 그 자리를 빨리 떠나요.

학생: 안전해질 때까지 옆에 있어 줘요.

교사: 오프라인에서처럼 우리는 온라인 공간의 범죄 행위에 대해서도 방관자가 되어서는 안 됩니다. 모두에게 더 안전한 온라인 공간이 되기 위해 내가 할 수 있는 목격자 역할에 대해 구체적으로 생각해 봅시다.

학생: 문제 있어 보이는 웹툰의 댓글에 나의 불쾌감을 표현하고, 방송통신심의위원회에 심의 요청해요.

학생: 댓글 창에 성희롱적인 발언이 보일 때, 그런 말 하지 말라고 답글을 달아요.

학생: 증거를 캡처해 신고해요.

학생: 게임 채팅창에서 누군가 성희롱적 발언을 할 때 그만하라고 말하고, 듣지 않으면 신고해요. 신고하기 전에 신고한다고 본인한테 댓글로 알리고, 다른 사람들도 내가 단 댓글을 보고 잘못하면 책임져야 한다는 것을 깨닫게 합니다.

학생: 게임 중 남녀 서로 혐오 발언하며 싸울 때 게임 중에는 채팅을 차단하고, 끝난 후에는 둘 다 신고해요.

자주 이용하는 온라인 공간을 더 안전하게 하기 위해 내가 당장 할 수 있는 일이 바로 목격자 역할이라는 도전과제를 제시합니다.

3차시: 온라인 그루밍 디지털 성범죄 대처 및 피해자 고통 공감하기

2019년 한국형사정책연구원에서 발간한 「아동·청소년 성범죄에서 그루밍의 특성 및 대응 방안 연구」에서 그루밍 성범죄 피해자의 연령을 살펴보면 특정 연령대에 몰려 있는 걸 알 수 있습니다. 바로 13세에서 15세, 사춘기에 있는 학생들이 주 피해자입니다. 그래서 그루밍 성범죄에 대해서 충분히 구체적으로 다루어야 합니다.

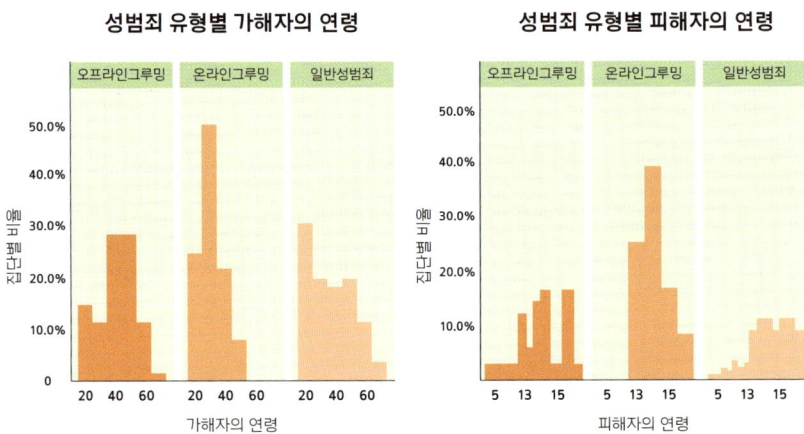

「아동·청소년 성범죄에서 그루밍의 특성 및 대응 방안 연구」, 한국형사정책연구원, 2019

인터넷 동영상 사이트에서 수업에 사용할 만한 영상은 쉽게 구할 수 있습니다. 영상을 함께 본 후 피해자가 위험했던 순간을 같이 찾아 보고 가해자가 주로 접근하는 방법에 관해 대화합니다. 여기에서 '피해자 되지 않기'가 해결책인 것처럼 수업을 진행하면 피해자에게 책임이 있는 것처럼 인식될 수 있으므로 주의해야 합니다. 가해자들이 주로 사용하는 접근방식에 대해 알려 주세요.

그루밍 이야기: 학생들이 공감하기 쉽게 드라마로 된 자료(https://www.youtube.com/watch?v=1-dG4UUCDNg&t=4s)

청소년 온라인 그루밍 성범죄의 출발점이 '사진 전송 요구'라는 점을 정확하게 명시한 자료(https://www.youtube.com/watch?v=uslUn-NTtak)

온라인 그루밍 디지털 성범죄 가해자들이 주로 사용하는 접근 방식은 다음과 같습니다. 나이, 주소, 학교 이름, 전화번호 등 개인정보를 요구하며 이유 없이 문화상품권, 게임 아이템 등을 주겠다고 제안해 옵니다. 다른 사람들과 함께 있는 채팅방을 벗어나 따로 1:1 채팅이나 메신저로 연결하자고 제안해 오기도 하고 부모님이나 다른 사람에게 알리지 말고 따로 만나자고 합니다. 여러 가지 이유를 만들어 사진이나 동영상을 보내달라고 합니다. 이런 제안을 한다면 반드시 거절하고 부모님이나 믿을 만한 어른에게 신속하게 말해야 합니다. (출처: 경상남도교육청)

디지털 성범죄 예방 교육에서 가장 중요한 점은 피해자 고통에 공감하는 것입니다. 앞에서도 가해 학생 교육에서 중요한 지점이 피해자의 고통에 공감하는 것이라고 말씀드렸어요. 아이들 언어로 인터넷에 올라온 피해자 글이 호소력이 있습니다. 이 글을 함께 본 후 답글 달기 활동으로 이어갑니다.

"안녕하세요? 제가 아주 어렸을 때 디지털 성범죄를 당했었는데, 몇 년이 지난 지금 갑자기 이렇게 후폭풍처럼 다가와 힘들다고 느끼고 있습니다. 우울하고 불안하고…… 그게 어디선가 돌고 있을 거라 생각하면, 너무 무섭고 두렵고 살고 싶지 않다고 느껴져요. 하지만 어떻게든 괜찮아 보이고 싶어요.
이렇게 매일매일 불안한데…… 이런 이야기를 주변에 할 수도 없어서(그 당시의 저는 초등학생이었고 현재는 예비 고등학생입니다) 제 심리적 불안감을 어떻게 해야 할지 모르겠어요. 사실 친한 친구들이 들어줬으면 좋겠다고 생각하지만, 반응이 너무 무섭고 저를 정신 나간 창년이라고 할까 봐 너무 두려워요.
제 심리적 불안감을 해소하고 싶어요. 모르는 사람이랑 하는 상담은 조금 무섭습니다. 어떻게…… 이겨낸다거나 잊을 수 없을까요? 저도 왜 이러는지 모르겠고 요즘 매일 눈물이 나네요. 간단한 말이라도…… 그냥 한마디라도 조언 구하고 싶습니다. 부탁드려요."

📝 답글 달기 활동 예

💬 많이 힘드셨을 것 같네요. 이건 글 쓴 분의 잘못이 절대 아닙니다. 아무것도 모르는 초등학생 때, 초등학생을 대상으로 그런 짓을 한 그 쓰레기가 잘못이죠. 디지털 성범죄 피해센터에 연락해 보세요. 비밀 보장에 변호사도 무료로 대줍니다. 힘내시고 괜찮으니까 내 잘못이 아니다, 라는 생각을 계속하세요.

💬 괜찮아요. 글쓴이님 잘못이 아니에요. 그것은 범죄를 저지른 가해자와 성범죄에 관한 법을 강화하지 않은 사회의 잘못이 커요. 우리나라는 성범죄 형벌이 너무 약해요. 오늘 수업 시간에 배웠는데, 미성년자 대상 성 착취는 공소시효가 없대요. 지금이라도 신고하면 도움을 받을 수 있어요. 완전히 없어질 때까지 무료로 몇 년이고 삭제해 준대요. 인터넷에 디지털 성범죄 피해센터를 검색하고 들어가서 익명으로 상담할 수도 있어요. 글쓴이님의 편안한 일상생활을 위해 기도하겠습니다.

💬 안녕? 나는 중2야. 난 너의 친구는 아니지만 내가 들었어도 네가 정신 나간 ㅊㄴ으로 보이지 않아. 그러니 마음 놓고 친한 친구들한테 너의 힘든 고민을 말해 보면 될 것 같아. 정 말하기 두렵다면 부모님께 말씀드리는 게 좋을 것 같아. 힘내!

마지막으로 저는 공동체 역량 강화에 대해 아이들에게 간절한 마음으로 호소하고 싶었습니다. 친구를 공동체 밖으로 내치는 것은 그 친구를 위험한 곳으로 보내는 것…….

교사: 박사방 운영자는 SNS에 노출이 심한 신체 사진을 올리는 청소년 중에서 성 착취 대상자를 선택했다고 알려졌습니다. 그 학생들은 왜 그곳에 그런 사진을 올렸을까요?
학생: 관심받고 싶어서요.
교사: 그 학생은 왜 온라인에서 관심받고 싶어 했을까요?
학생: 부모님과 사이가 안 좋아요.
학생: 부모님이 사랑해주지 않아요.
학생: 친구가 없어요.
학생: 학교에서 왕따였을 거예요.

학생들의 대답은 거침이 없었고, 어느 학급에서나 비슷한 대답을 들을 수 있었습니다. 예상했던 상황이지만 직접 듣게 되니 수업에서 더욱 의연해지더군요.

학생 공동체 역량 강화를 위해 준비한 저의 호소문은 박정섭 작가의 그림책 『감기 걸린 물고기』(사계절, 2016)입니다. 이 책은 배고픈 아귀의 근거 없는 거짓 소문으로 물고기가 안전한 물고기 떼에서 쫓겨 나갈 때마다 물고기 공동체가 뭉툭하게 조금씩 잘려 나가는 모습을 보여주는데, 우리 어른들에게도 울림이 있습니다. 교실에서는 보통 그림책보다 200퍼센트 정도 큰 빅 북으로 읽어주면 더욱 좋은데, 마침 이 책은 빅 북으로도 나와 있어요.

교사: 선생님이 여러분에게 들려주고 싶은 이야기가 있어요. 그림책으로 들려줄게요. (『감기 걸린 물고기』를 처음부터 끝까지 읽어주고 나면 교실 분위기가 묵직합니다. 책 내용의 근거 없는 헛소문, 따돌림 등이 10대의 삶과 많이 닿아 있기 때문이죠.) 작은 물고기들은 왜 무리 지어 다닐까요?
학생: 큰 물고기로부터 안전하기 위해서요.
교사: 맞아요! 여러분도 아직은 작은 물고기예요. 나쁜 어른들로부터 안전하기 위해서 여러분은 함께 있어야 해요. 함께 있어야 안전할 수 있어요.

작은 물고기는 친구들로부터 떨어져 헤맬 때 먹잇감을 찾는 큰 물고기의 눈에 띌 수 있어요.
공동체에서 함께 있어야 안전할 수 있어요.
친구를 혼자 외롭게 하지 마세요.
지금 힘들어하는 친구 옆에 함께 있어 주세요.

교사: 사람은 누구나 사랑과 관심을 받고 싶어 합니다. 그런데 대부분 청소년은 사춘기 때 힘든 시기가 있습니다. 그때는 사실 부모님과 대화가 잘 안 되잖아요? 하필 그럴 때 친구 관계도 멀어졌다면 그 사람은 얼마나 힘든 시간을 보낼까요? 우리 주변을 한번 돌아봅시다. 말수가 줄어들고 표정이 어두워진 친구가 보이나요? 최근 들어 짜증이 늘어난 것 같은 친구가 있나요? 그 친구가 외롭지 않게, 안전한 우리 곁을 떠나 다른 곳에서 위험할지도 모르는 낯선 사

람에게서 관심을 구하지 않도록 힘들어 보이는 친구 곁에 있어 줍시다. 그래야 모두 안전합니다. 우리 중에 피해자가 생기지 않아야 모두 함께 행복할 수 있습니다.

'n번방 사건'이라는 사회적 이슈가 있을 때를 기회 삼아 평소 다뤄 보고 싶었던, 문제 있는 온라인 성 문화 분별하기와 온라인상에서 목격자 역할 하기, 공동체성 강화에 대해 도전과제를 제시하는 데 중점을 두고 수업했습니다. 세 차시 수업 중 한 차시만을 골라 수업했을 때보다는 세 차시를 순서대로 모두 진행했을 때 학생들의 마음을 움직이고 삶에 적용하는 데까지 스스로 도달했습니다.

수업 후 학생들의 평가입니다.

"제대로 된 성 문화를 알게 된 것 같고, 제대로 된 성 인식을 가지고 살아가야겠다고 느꼈습니다. 만약 내가 피해자가 된다면 제대로 대처할 수 있게 된 것 같습니다."

"이런 시기에 굉장히 유익한 수업을 받은 것 같아 좋았습니다. 가해자가 되지 않고 이 문제를 헤쳐 나가기 위해 노력하겠습니다."

"우리가 직접 문제점과 해결방안을 찾고 나누니깐 뭔가 우리 공동체에 힘이 생긴 것 같다. 피해자가 더 이상 생기지 않게 우리도 노력해야 한다고 생각했다."

"다시 돌아보니 지나쳤던 말들에 성적인 발언들이 많았던 것 같다. 지금부터라도 목격자가 되어야겠다."

"디지털 성범죄가 얼마나 끔찍하고 위험한 일인지 알게 되었다. 정말 여러 성 문화가 잘못되었다고 느꼈고, 나도 모르게 가해자가 되지 않고 분별을 잘해야겠다는 생각이 들었고 꼭 그렇게 행동해야겠다."

"진짜, 착하게 살아야겠다는 생각에서 강단 있게 살아야겠다는 생각이 들었다. '나' '너' '우리'를 지키는 방법을 배웠으니 실천할 수 있길!"

Q 수위 높은 성적 영상에
아이들이 무방비로 노출되고 있습니다.
미디어 리터러시를 수업에
어떻게 녹여낼 수 있을까요?

●

　학생들이 환호하는 아이돌 그룹의 뮤직비디오나 라이브 영상은 우리 어른들을 불편하게 할 때가 많습니다. 쉬는 시간엔 학교 한 모퉁이에서 몇 명씩 모여 춤동작을 연습하고 일 년에 몇 번씩 있는 댄스 발표회에서는 온갖 선정적인 동작을 환호하는 친구들 앞에서 선보이는데, 이제는 당연한 것처럼 누구도 이견을 제시하지 않습니다.
　아이들이 흥얼거리는 노래의 가사를 자세히 들어 보시라고 말씀드리고 싶어요. 무슨 말인지 잘 들리지는 않는데요, 가사를 찾아보면 기가 막힐 때가 종종 있습니다.
　'궁합이 떡인지 살살 맞춰 볼까나…… 알면 병이야 어서 나를 따…… 너무 설레어서 미치겠어요. 낯선 낯선 여자의 낯선 향기에……'
　인터넷 동영상 사이트에는 이 노래를 흥얼거리며 가수의 춤을 그대로 따라 하는 유치원생부터 중·고등학생의 영상이 넘쳐납니다.

가사의 뜻을 알고 있느냐고 물어보니, 모르지만 그냥 신나서 부른다고 합니다.

'너의 이불에 들어가고 싶은데…… 너의 안으로 들어가고 싶다고…… 이 밤이 또 지나기 전에 너를 내 품에 안고 싶어……'

이 노래는 종합편성 채널 인기 예능 프로그램에서 여성 셋이 장 보러 가는 차 안에서 배경음악으로 흘러나왔어요. 그냥 밥해 먹는 프로그램에서요.

'오늘 밤 일을 절대로 입 밖에 내선 안 돼. 어서 약속해 그럼 날 다시 볼 수 있어. 내 남자 귀에 절대로 들어가는 일이 없게 혼자 간직해. 그것만 지키면 돼……'

국내 대중음악계의 선정적 획일화에 대해 걱정하는 사람들이 많지만, 모두 아무런 행동도 취하고 있지 않아 보입니다.

최근 미국 대중음악 시상식 '2020 아메리칸 뮤직 어워드(2020 American Music Awards)'에서 랩/힙합 최고 노래 상을 받은 카디비(Cardi B)의 곡 「WAP」의 가사를 살펴봐 주세요. (한글 자막이 있는 영상을 보시기 바랍니다.) 학교 행사에서 이 곡에 맞춰 춤을 추는 학생들이 있는데 가사를 보면 학교 댄스 팀이 사용해서는 안 되는 곡이에요. 축제 담당 교사뿐 아니라 교육자, 양육자라면 이런 미디어에 아이들이 무방비로 노출되는 것에 관심을 두셔야 합니다. 영상 오른쪽에 자동으로 뜨는 연관 영상 중에는 집에서 어린 딸아이가 이 음악에 맞춰 몸동작을 따라 하고 있는데 어머니로 보이는 분은 그저 무관심한 영상도 있습니다.

  10대 아이들이 따라 부르기에 부적절한 가사가 너무 많습니다. 이 시기에 따라 불렀던 가사는 아이들 삶에 어떤 영향을 줄까요? 어렸을 때 자주 불렀던 가곡이 지금 우리 삶에 어떤 영향을 주고 있는지 생각해 보시면 답이 나옵니다. 뮤직비디오, 광고, 드라마, 웹소설, 웹툰, 게임 광고, 게임 등의 내용에 대해 식별력을 가지도록 어떻게 교육해야 할까요? 나 한 사람이 교육한다고 해서 과연 달라질까요? 답이 없다는 생각만 들 수도 있습니다. 그래도 우리 아이들이 미디어의 도덕적 불감증에 대응하는 시각을 갖도록 교육해야 합니다.

나 하나 꽃 피어

조동화

나 하나 꽃 피어
풀밭이 달라지겠느냐고
말하지 말아라.
네가 꽃 피고 나도 꽃 피면
결국 풀밭이 온통
꽃밭이 되는 것 아니겠느냐.

나 하나 물들어
산이 달라지겠느냐고도

말하지 말아라.
내가 물들고 너도 물들면
결국 온 산이 활활
타오르는 것 아니겠느냐.

공교육에서조차 여성을 성적 대상으로 삼은 미디어에 대해 문제점을 지적하고 제대로 식별해야 하는 이유를 교육하지 않는다면 우리 아이들은 앞으로도 계속해서 대중매체의 경제적 이득 추구를 위한 도구로 살아가게 될 것입니다. 기회 있을 때마다 현재의 문제 있는 성 문화에 대해 생각할 기회를 주고 바른 선택을 할 수 있게 지도해야 합니다. 인터넷과 스마트폰을 통해 무차별적으로 쏟아져 나오는 미디어의 도덕적 무감각을 그냥 지나치면 안 됩니다.

점심시간에 교내 방송으로 뮤직비디오를 보여 주는 학교가 있다고 들었습니다. 방송반 학생들의 자체적인 활동으로, 담당 교사의 필터링 없이 뮤직비디오를 보여 주는 상황에서 가장 교육적인 접근은 교사가 학생자치회에 정식 안건으로 요청하는 것입니다. 학생자치회 주관으로 각 학급 회의에서 나온 의견을 수렴, 결정, 행동할 기회를 주면 교사가 기대하는 것보다 훨씬 훌륭한 의견들이 나오고 학생들이 지키려고 노력합니다.

수업에서는 내가 불편했던 노래 가사, 영상, 웹툰, 웹소설 등에 대해 모둠에서 같이 이야기를 나누고 제작자가 왜 그런 표현을 했을까를 함께 생각하고 나누는 시간을 갖습니다. 선정적인 영상이나 자극적인 게임 장면에 지속적으로 노출되면 웬만한 노출이나 자극에는 무감각해지게 됩니다. 최근에 접한 웹툰이나 게임, 영상 중에서 사람을 성적 대상화하거나 자극적이어서 거부감을 느꼈던 친구들의 생각을 들으며 자신의 도덕적 불감증을 돌아보는 기회가 됩니다. 가정에서 컴퓨터를 가족 공용공간으로 옮기고 휴대폰을 압수한다고 해서 배움이 일어나기는 어렵지만, 친구들의 이야기를 들으면서는 성찰이 일어납니다. 이 모둠 활동은 시간을 길게 주고, 전체 공유하는 시간도 길게 가지며 충분히 소통하게 합니다. 광고의 경우, 광고에서 보여주는 화면 속의 거짓에 대해 권위 있는 자료로 진실을 제시하면 학생들은 짧은 광고 한 편을 볼 때도 무엇이 진실인지 주체적으로 생각해야 한다는 것을 배우게 됩니다. 과대광고에 대해서는 함께 방송통신심의위원회에 심의 요청도 할 수 있습니다. 그리고 우리 어른들이 관심 있게 접하는 미디어와 아이들 삶에 닿아 있는 미디어는 다르므로 스스로 식별하고 그런 미디어는 접하지 않으려 노력해야 영향을 받지 않을 수 있다고 일러 주세요.

　매일 새롭게 쏟아져 나오는 가요나 미디어들, 인터넷 영상물까지 교사로서 모두 살펴본다는 것은 불가능합니다. 대신 아이들이 열광하거나 자주 보고 듣는 게 뭔지 물어보고, 그것만이라도 어떤 문제는 없는지 아이들을 보호하는 마음으로 살펴봐 줄 필요가 있습니다.

**과목 간 연계를 통한
구체적 성교육 사례를 알고 싶어요**

최근 학교 안 전문적 학습공동체를 통한 교사 학습동아리가 활성화되면서 성교육에 관심이 많은 교사들의 활동이 눈에 띄게 늘어나고 있습니다. 교육청에서 실시하는 성교육 역량 강화 연수는 성교육 담당 교사뿐만 아니라 모든 교사 대상으로 열려 있고, 교과 간 연계를 통한 성교육에 관한 관심도 높아지고 있습니다. 먼저 보여드리는 예시는 아르바이트를 할 수 있게 된 고등학생들이 업주로부터 당하는 성적 문제와 인권(성 인권)에 대해 깊이 있게 배우고, 삶에 적용하는 시간을 갖도록 하기 위해 디자인했습니다. [예시 1]

보건 교과에서는 미디어 등 여러 매체에서 접하는 성 문화를 조사하여 분석하기, 맥락 이해와 재해석하기를 통해 대중매체가 성 문화와 성 의식에 미치는 영향을 생각해 보게 했으며, 문제 있는 성 문화와 인권 문제를 연결해 생각해 보고 개선 방안을 도출하는 것까지 진행합니다.

[예시 1] 주제 중심 교과 통합 교육과정(고등학교 1학년)

주제	문화(광고, 영화, 뮤직비디오 등 미디어에서 보여 주는)와 인권
성취 기준 (통합활동목표)	[12보05-04] 성 문화와 성 의식에 영향을 미치는 개인·사회적 요인과 관련지어 개인·공동체·국가 수준의 개선 방안을 제시한다.

교과명	보건	통합사회	국어	한국사
단원명	생활 속의 건강한 선택-성 문화	우리 사회의 인권 문제	성찰하는 눈 -말의 성찰	고려의 신분제도와 사회 모습
수업 내용 (수업 방법)	(1) 매체에서 접하는 성 문화 조사, 분석하기, 맥락 이해와 재해석 (2) 문제 있는 성 문화와 인권 문제를 연결지어 생각하고, 개선방안 도출하기 (조사, 토의, 토론)	사회적 소수자 차별, 청소년 노동권 등 국내 인권 문제와 인권지수를 통해 확인할 수 있는 세계 인권 문제의 양상 조사, 해결방안 제시 (모둠 토의, 토론)	언어 공동체의 담화관습을 성찰하고 바람직한 의사소통 문화 발전 익히기 (모둠 학습, 강의)	(1) 여성의 사회적 지위와 상속(호주, 재산), 혼인제를 통해 고려사회 모습 파악 (2) 조선→현대의 여성 지위 및 성 평등의 사례를 통한 변천사 이해(모둠)
수업 시수	1단위 2차시	3단위 12차시	3단위 9차시	1단위 2차시
통합활동	건강한 성 문화 페스티벌, 건강한 성 문화 구역(환경) 꾸미기 대회			

통합사회 교과에서는 청소년 노동권 등 인권 문제와 인권지수를 통해 확인할 수 있는 세계 인권 문제의 양상을 조사하고 해결방안 제시까지 진행합니다.

국어 교과에서는 공동체의 언어 사용 관습을 성찰하고, 문제적 상황에서 바람직한 의사소통 문화를 세워 발전해 나갈 수 있는 태도를 익힙니다.

다음은 과학과를 중심으로 교과 특성을 살려 디자인한 주제 중심 통합 과정 안으로, 개체 발생-생명-가족-사회 문제(낙태)-육아 갈등으로 연결됩니다. 2019년 10월 경기도교육청 주관으로 실시한 성교육 역량 강화 연수 강의 자료 중 과목 간 연계를 통한 성교육 사례를 강사의 동의를 얻어 공유합니다. [예시 2]

과학 교과에서 수정란으로부터 개체가 발생되는 과정에 대해 다룰 때, '어디서부터 생명으로 볼 것인가?'도 함께 다루면 흥미롭습니다. 국가에 따라 다른데, 우리나라는 수정란이 자궁에 착상한 순간부터 생명(태아)으로 보고 있어요. 수정된 순간부터 생명으로 보는 시각에 대해서 자료를 준비하고, 이 부분에서 응급피임약 사용에 대해서도 대화해 보면 좋을 것 같습니다.

기술·가정 교과에서는 임산부 체험 활동에 이어 지하철 임산부 좌석 포스터 그리기로 이어지면 아이들 삶과 닿아 있는 수업이 되므로 공동체 역량 강화로 연결됩니다.

[예시 2] 주제 중심 교과 통합 교육과정 예시(고등학교 1학년)

주제	생명의 소중함
성취 기준 (통합활동목표)	[12기가01-04] 임신 중 생활과 출산의 과정을 이해하고 계획적인 임신과 건강한 출산을 위한 방안을 탐색한다. · 수정란으로부터 개체가 발생되는 과정을 모형으로 표현할 수 있다.

교과명	과학	기술·가정	사회	도덕
단원명	생식과 발생	인간 발달과 가족	사회 문제 사례연구	타인과의 관계
수업 내용 (수업 방법)	수정란으로부터 개체가 발생되는 과정(모둠, 토의)	생명의 탄생 과정 이해 및 임산부 체험활동(체험, 모둠)	낙태 문제를 바라보는 다양한 관점을 파악 후 토의를 통한 해결방안 도출(토론)	현대 한국 사회에서 가정으로 발생하는 갈등을 구체적으로 이야기하고 토의하기(토의)
수업 시수	4단위	2단위	2단위	1단위
평가	(논술) 태아의 발달 과정 논하기	(수행) 임신 체험 후 지하철 임산부 좌석 포스터 그리기	(논술) 낙태 찬/반 의견 및 근거 논하기	(논술) 가정에서 아이로 인해 발생하는 문제점에 대한 해결방안 논하기
통합활동	'생명의 소중함' 주제 UCC 만들기 대회			

(표 작성: 교사 원아랑)

[예시 3] 주제 중심 교과 통합 교육과정(중학교 1-2-3 연계)

주제	비속어(성을 이야기하는 바른 언어)			
성취 기준 (통합활동목표)	· 언어폭력의 문제점을 인식하고 상대를 배려하며 말하는 태도를 지닌다. · 문화가 건강에 미치는 영향을 분석하고 유행 모방 등 생활 속 건강 위험 문화를 찾아 개선점을 제시한다.			
교과명	보건	국어	도덕	수학
단원명	건강 문화	듣기, 말하기, 쓰기	타인과의 관계	통계
수업 내용 (수업 방법)	(1) 자주 사용하는 비속어 표현하기, 뜻 알기 (2) 나와 상대방을 존중하는 다른 언어로 바꾸어보기(모둠)	(1) 언어폭력이라고 느꼈던 상황 말하기 (2) 인터뷰 문항 만들기 (3) 공감하며 듣기 (4) 보고서 쓰기 (모둠)	(1) 폭력은 왜 비도덕적인가? (2) 일상에서 일어나는 폭력의 종류에는 어떤 것이 있을까? (3) 언어폭력에 어떻게 대처할까? (모둠)	(1) 비속어 사용실태와 대응방안에 대한 설문지 만들기 (2) 통계내어 그래프로 표현하기 (3) 함께 작성하기(모둠)
수업 학년	1학년	2학년	3학년 1학기	3학년 2학기
평가	모둠 발표 시 존중하는 다른 언어로 바꾸었는가 평가	(수행) 인터뷰하여 보고서 쓰기	(수행) 언어폭력의 문제점과 대처방안 UCC 만들기	(수행) 비속어 사용실태와 대처방안 통계 보고하기

사회 교과에서는 관련 영화 시청으로 이어지면 이 수업이 더 빛납니다. 낙태에 대해 전면적으로 다루고 있는 〈언플랜드(Unplanned)〉와 청소년 임신, 입양을 본격적으로 다룬 영화 〈주노(Juno)〉를 추천합니다. 미리 살펴보고 문제 있는 장면은 먼저 손을 본 다음 수업에 사용해주세요.

다음은 비속어(성을 이야기하는 바른 언어) 주제 수업입니다. 이 경우 아이들의 삶과 깊이 닿아 있는 비속어를 일회성 수업에서 그치지 않고, 매년 수업에서 다루기로 교사 회의에서 결정하고 어느 교과에서 가르칠 것인가에 관한 논의를 거쳐 1학년-보건, 2학년-국어, 3학년-도덕, 수학으로 학년 연계 수업으로 진행하였던 사례입니다. 학교 문화 개선에 뚜렷한 효과가 있었습니다. **[예시 3]**

이와 같은 주제 중심 교과 통합 교육과정을 운영하기 위해서는 학교 전체의 공동체 역량이 굉장히 중요합니다. 그러나 같은 생각을 하는 교사 세 명만 있으면 학교는 바뀔 수 있다고 먼저 경험한 선배 교사들이 강조했습니다. 교과가 달라도 마음과 뜻을 모아 서로 북돋우며 행동하니 정말 가능했습니다. 학교생활이 이렇게 즐거울 수도 있다는 평생 잊을 수 없는 경험을 했습니다.

○ 에필로그

아이들은
성교육 시간을 기다립니다

성교육 수업이 있는 날이면 아이들이 등교할 때 보건실 문을 빼꼼히 열고, 머뭇거리며 "오늘 9반 수업 맞지요?" 묻고, 그렇다고 확인해주면 "이따가 뵐게요!" 하이톤으로 인사합니다. 복도에서 만나는 어떤 아이들은 그 주간에 공부하기로 예고한 주제를 기억하고 있다며 자랑스러워합니다.

시간표에 없고, 평가도 없으며, 생활기록부에 기재되지도 않는 성교육이지만, 열심히 모둠 활동을 하고, 친구들의 발표에 귀를 기울이며, 다름과 같음을 확인하면서 성장하는 모습을 있는 그대로 보여줍니다. 그러고는 제가 걷어 갈 줄 알면서도 수업 활동지에 자신을 온전히 드러냅니다.

이에 반해 교사는 성교육 시간이 부담스럽습니다. 경험과 지식이 많으면 많은 대로, 적으면 적은 대로 수업할 때마다 상당한 부담감이 찾아옵니다. 교사가 갖는 부담감의 원인은 본문에서 밝혔듯이 여러 이유가 있습니다만, 가장 큰 문제는 교육 시스템과 학교 현장의 구조적인 문제입니다.

  인사이동으로 새로 옮겨간 학교에서 어떤 교육관을 가진 관리자(교장·교감)와 교무기획부장 교사를 만나느냐에 따라 그 학교 학생들의 성에 대한 배움이 달라집니다. 관리자, 교사와 학부모가 지대한 관심을 가지고 바른 학교 성 문화를 만들기 위해 함께 노력하는 학교도 있지만, 관리자가 무관심하고 무책임하여 당연히 해야 할 최소한의 성교육조차 하지 않는 학교가 생각보다 많습니다. 현실이 이런 까닭에 학교 간 성교육 수준과 성 문화는 크게 차이가 있습니다. 이를 잘 알고 있기에 저는 어떤 경우 초·중등교육법에 명시된 체계적인 보건 교육을 할 수 있는 시간을 달라며 얼굴을 붉히면서까지 강하게 요구할 때도 있습니다.

  학교 현장의 성교육 전문가로서 저는 학교 성교육이 잘 운영되기 위해서는 모든 교과 교사가 교육과정 안에서 성교육을 대학 과정에서부터 배워야 하고, 교원임용시험에서도 필터링되어야 한다고 생각합니다. 그리고 사회적인 이슈를 적시에 수업에 적용할 수 있도록 교육부에 성교육지원센터를 두고 교육 자료를 계속해서 학교로, (제대로 성을 배우지 못하고 어른이 된 사람들의) 사회로 지원해주어야 한다고 힘주어 말하고 싶습니다. 현재는 여성가족부나 양성평등교육원에서 제작·배포한 성평등 교육 관련 자료가 대부분을 차지하고 있다 보니 여성계의 입장이 도드라집니다. 학교에는 과학적이고 윤리적이며 균형을 잃지 않은, 사회적으로 합의된 성교육 자료가 절실

합니다.

아이들이 평생 안전하고 아름답게 성을 누릴 수 있는 바른 성 가치관 형성을 위한 성교육은 학교 안의 교사 한 사람이 지고 가야 할 짐이나 몫이 아니라 우리 사회 전체와 국가가 나서서 책임과 의무를 다해 만들고 축적해 나가야 할 과제입니다.

'n번방 사건' 이후 몇몇 관련 기관에서 디지털 성범죄 예방에 관한 자료를 각 학교로 보내왔지만, 실제 수업에 바로 적용할 수 있는 수업자료가 아니라 참고자료이거나 코로나-19로 늘어난 원격 교육을 염두에 둔 듯한 영상자료가 대부분이었습니다. 이런 영상을 보여 주는 것만으로는 제대로 된 배움이 일어나지 않습니다. 우리나라 학교 성교육이 지금껏 제대로 이루어지지 않고 있는 이유는 이 같은 교육 시스템과 학교 현장의 구조적인 문제 탓입니다.

지난해, 본교 학교 신문과의 인터뷰에서 학생 기자가 이런 질문을 했습니다.

"교사로서 교실에서 가장 기쁜 순간은 언제인가요?"

저는 추호의 망설임 없이 이렇게 대답했습니다.

"배움이 일어나면서 모든 학생이 반짝반짝 빛날 때입니다."

교실에서 가장 기쁜 순간은 모든 학생이 반짝반짝 빛날 때일 것입니다. 몇몇이 아니라 대다수 학생에게 배움이 일어나면서 자신의 성장을 스스로 발견하며 반짝일 때 더할 수 없는 행복감을 느낍니다.

그렇게 모두를 반짝이게 하는 것이 교사의 일이라고 생각합니다.

  제 자리에 앉아 학생 활동지를 한 장 한 장 읽으며 가슴이 벅차오를 때가 있습니다. 제가 의도했던 것보다 더 깊이 사유하고 마음을 열어준 아이들이 고마워서 자기도 모르게 자리에서 일어나 서성이며 더 좋은 수업을 디자인하고 싶다는 꿈을 꾸며 새 힘을 얻습니다.

  교실은 교사와 학생, 학생과 학생이 서로 눈을 마주치고 공감하고 소통할 수 있어야 비로소 배움의 장소로서 의미가 있습니다. 교사가 있는 힘껏 교실을 어떠한 질문도 할 수 있고, 어떠한 의견도 묻히지 않는 안전한 공간, 모든 학생이 교사의 말과 시선에서 존중받고 있음을 느낄 수 있는 안전한 공간으로 만들 수 있다면 모든 성교육은 실패가 없습니다. 비록 우리나라 교육 시스템과 학교 현장의 구조적인 문제가 교사를 지치고 힘들게 하며, 때로는 포기하고 싶은 마음까지 들게 하지만, 배움이 일어나면서 모든 학생이 반짝반짝 빛날 때를 떠올리면 지칠 수도, 대충할 수도, 포기할 수도 없습니다.

"선생님 얼마나 많이 준비했는지 몰라요. 존중 성교육 책을 몇 번이나 읽었는지 셀 수도 없어요. 그런데 배우면 배울수록 성교육을 정말 꼭 하고 싶어요."

"엄청 겁을 냈었고, 살얼음판을 걷는 기분으로 모든 성 수업을 조심스럽게 하지만…… 음란물 수업은 더했던 것 같아요. 활동지 마지막에 '음란물로부터 나를 지키는 방법'을 넣고 연수 때 선생님께서 알려주신 일곱 가지를 적으라고 했는데, 평소 수업에 잘 참여하지 않았던 남학생이 정말 열심히 적더라고요. 너무 집중을 잘해서 그 아이 이름을 오늘은 부를 일이 없었어요! 괜히 아이들의 호기심을 자극하는 게 아닌가 싶었는데, 전혀 아니더라고요!"

"선생님, 한 학생이 성 수업 첫 시간 소감에 '다시 한번 기회가 왔다고 생각한다. 올바른 길과 생각을 다시 다질 수 있기 때문이다.'라고 적어 주었어요. 수업하길 잘한 것 같아요!"

이렇게 이제 막 성교육을 시작하는 많은 선생님들이, 아이들의 눈빛이 배움과 사유로 반짝반짝 빛나는 교실에서 벅찬 기쁨을 느껴 보시길 진심으로 소망합니다.

성교육이 불편한 교사를 위한
서로 존중 성교육

1판 1쇄 발행 2021년 1월 25일
1판 2쇄 발행 2022년 11월 18일

지은이 김혜경

펴낸이 한기호 | **책임편집** 여문주 | **편집** 서정원, 박혜리, 이선진 | **본부장** 연용호
마케팅 하미영 | **경영지원** 김윤아 | **디자인** Studio Marzan 김성미

펴낸곳 (주)학교도서관저널
출판등록 제2009-000231호(2009년 10월 15일)
04029 서울시 마포구 동교로 12안길 14(서교동) 삼성빌딩 A동 3층
전화 02-322-9677 | **팩스** 02-6918-0818
전자우편 slj9677@gmail.com
홈페이지 www.slj.co.kr

ISBN 978-89-6915-093-6 03370

책값은 뒤표지에 있습니다.